いい会社には、活きた社内制度がある。

人を大切にする56社の法定外福利厚生

坂本光司
&人を大切にする経営学会
経営人財塾5期生

同友館

はじめに

人、とりわけ社員とその家族を大切にしている企業、社員とその家族が幸せを実感している企業の業績は、例外なく安定的に高く、逆に、人、とりわけ社員を業績向上のための手段とかコストと評価位置付けしている企業の業績は、例外なく低い、ということが、近年次第に明らかになってきています。

それもそのはず、組織満足度や働きがい、さらにはモチベーションの高い社員が、企業の盛衰の決定権者である、顧客に満足度の高い価値ある商品やサービスを、日常的に創造・提供するのは当然の行動だからです。

一方、所属している組織・上司に不平・不満・不信感を持った社員が、顧客に対し、日常的に感動するような商品やサービスを創造・提案するはずがないのです。

ですから、企業の業績を高めたいならば、業績ではなく、まずは、社員の組織満足度やモチベーションが高まるような経営をするということになります。

社員の満足度やモチベーションを高めるための方策は多々ありますが、その1つが本書のテーマでもある「いい福利厚生制度の存在と効果的運用」です。

つまり、いい企業は、社員だけでなく、その家族もまた幸せを実感するような、心温まる多彩な福利厚生制度が用意され、しかもそれらが、多くの社員やその家族に、積極的に利活用されているのです。

しかも、それら企業は、福利厚生制度の導入や充実・強化を、企業の業績向上の手段として重視するのではなく、家族の一員としての社員やその家族が少しでも働く幸せ、属する幸せを感じてほしいという思いで取り組んでいるのです。

とはいえ、多くの中小企業は、福利厚生制度、とりわけ法定外福利厚生制度の重要性や必要性をわかっていても、「どんな福利厚生制度を導入することが、あるいはそれをどのように運用することが、社員やその家族の幸せづくりに効果的か」といったことについて、十分かつ客観的な情報が少ないというのが実情です。

またその重要性・必要性はわかっていても、経済的な余裕がないという理由で、導入できないといった企業も多々あるのが実態です。

本書は、こうした多くの中小企業のために、執筆しました。

内容は3章から構成してあります。まず第1章では、「56社の経営の考え方・進め方と福利厚生制度」と題し、事例として取り上げた56社のヒヤリング調査結果をもとに、その実態を、図表を示しながら述べました。

ただ、項目によっては、回答の得られていない企業もあり、また母数が少ないこともあり、傾向値として利活用してくだされば幸いです。

第2章は、「いい会社の法定外福利」と題し、現地調査を踏まえ、56社の福利厚生の考え方や導入の内容等について1社ずつ述べました。

そして、第3章は、「法定外福利の効果的導入と運用の7つのポイント」と題し、効果的導入方法やその運用方法等について7つの視点から述べました。

なお、取り上げさせていただいた企業は「日本でいちばん大切にしたい会社大賞」をはじめ、各種の企業顕彰制度受賞企業や、プログラム生が関心のある企業の中から、執筆者全員で議論し選定しました。

当初、対象になった企業は、100社を優に超えていましたが、紙面の都合等もあり、今回は56社に絞らせていただきました。

本書の執筆は、第5期「中小企業人本経営（EMBA）プログラム」、通称「学会経営人財塾5期」の社会人学生29名と、支援する学会役員でもあるコーディネーターがタッグを組み行いました。

そして、最終調整は、プログラム（ゼミ）の執行部と全体研究委員会に属するプログラム生が、身を粉にしやってくれました。

単独や複数の執筆ではなく30名以上の執筆者による合作であり、調整はしましたが、執筆者の思いの違いもあり、56社すべてが同一トーンの文章にはなっていないかもしれませんが、それを含みお読みいただければ幸いです。

また、実施している福利厚生制度等については、「来年1月から」といった企業もありましたが、プログラム生が一斉に現地調査した2022年9月末日現在とさせていただきました。

ともあれ本書が、これからますます重要になると思われる、株主のためではなく「社員とその家族のための経営」「顧客のための経営」を充実強化するための一助として、1人でも多くの読者のお役に立つことができれば、望外の幸せです。

最後になりますが、本書で取り上げさせていただいた企業様におかれましては。業務ご多忙の折、現地取材に長時間ご協力いただいたばかりか、貴重な資料も見せていただきました。この場をお借りし厚くお礼申し上げます。

また、本書の出版を快くお受けいただいたばかりか、内容等についても、様々なアドバイスをいただきました、同友館の脇坂康弘社長にも厚くお礼申し上げます。

2023年2月

人を大切にする経営学会主催

「中小企業人本経営（EMBA）プログラム　通称「学会経営人財塾」

プログラム生・コーディネーター一同

同プログラム長・人を大切にする経営学会会長　坂本光司

目次

第1章 56社の経営の考え方・進め方と福利厚生制度

1. 経営の考え方・進め方

●企業経営で最も重視していること（36社）

社員やその家族をはじめとする人の幸せを重視し経営を行う企業が、企業経営を行う上で、最も重視していることは何か聞いた結果は**図１**のとおりです。

最も多かったのは、「社員の働きがい」（72％）、以下、「企業の継続」（64％）、「人財育成」（64％）、「雇用を守る」（53％）、そして「財務内容の健全性」（36％）等と続きます。

これまでも、また今も、多くの企業が重視する「収益性」や「シェア・ランキ

図１　企業経営で最も重視していること（36社）

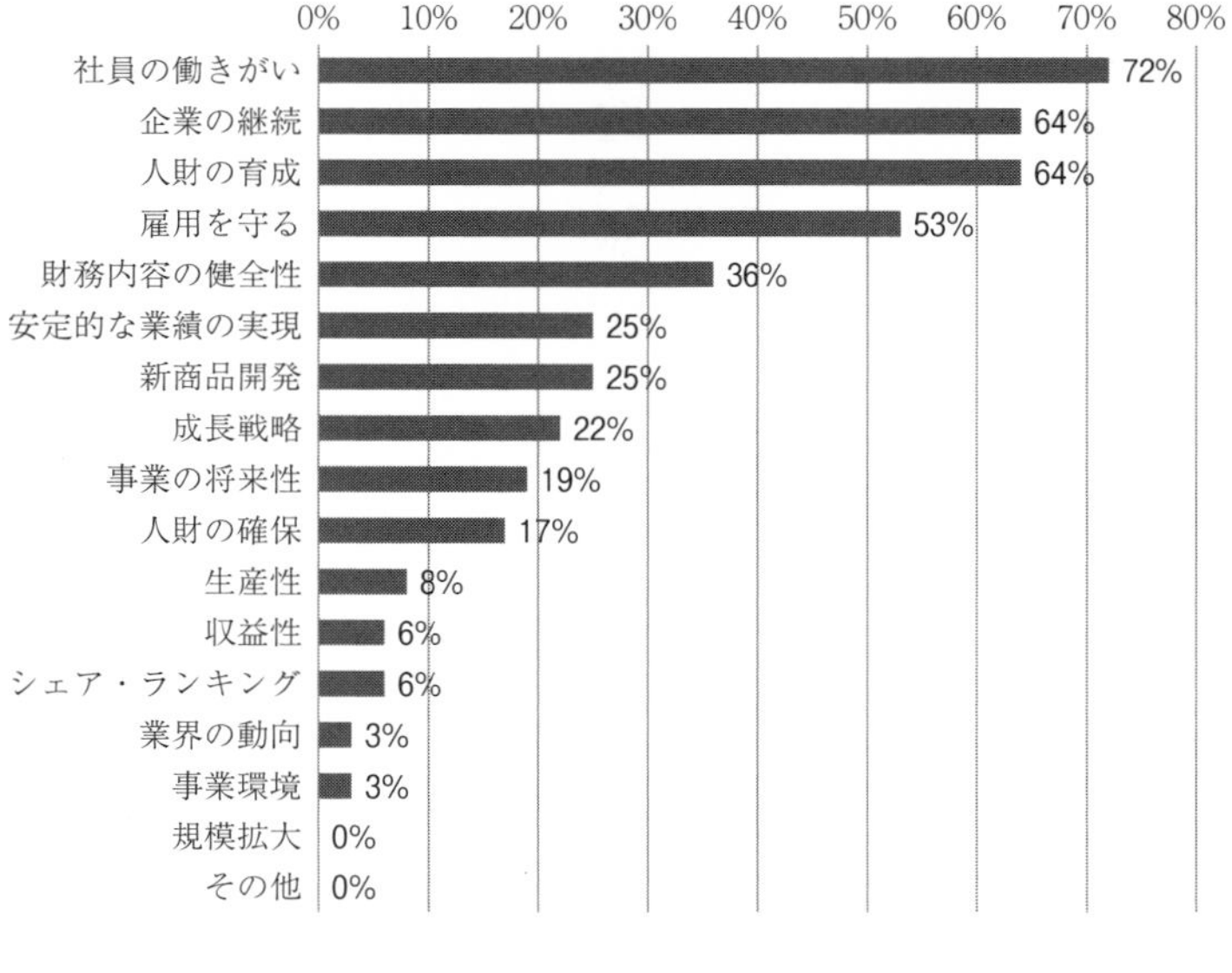

ング」、「生産性の向上」そして、「規模拡大」等は、少なくなっています。

「人を大切にする経営」「人が幸せを実感する経営」をベースに経営を行う企業と、未だ多くの企業が行っている「業績重視」「株主重視」といった経営を行う企業の違いが明確です。

●社員のモチベーションのレベル（30社）

社員とその家族の幸せを最優先している企業の、社員のモチベーションのレベルを聞いた結果は**図2**のとおりです。「かなり高い」と回答した企業が63％、「やや高い」と回答した企業が27％で、2つを合計し90％と、調査企業の大半に及びました。

なお調査企業は、程度の差こそあれ、すべて黒字企業であり、社員のモチベーションのレベルこそが、企業の業績を決定するということがここでも明確に示されています。

図2　社員のモチベーションのレベル（30社）

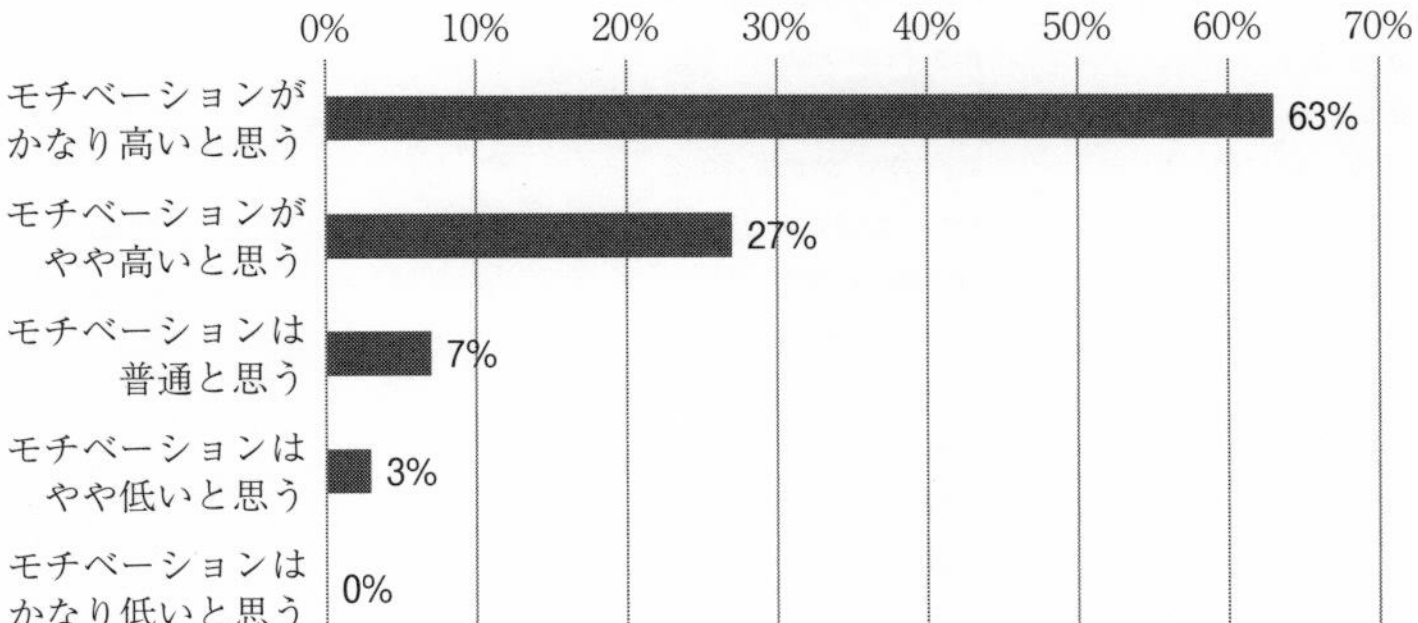

●社員のモチベーションを高める上で重要なこと（36社）

社員のモチベーションを高める上で重要と思われることは何かを聞いた。その結果が**図3**です。

最も多かったのが「経営者や上司への信頼感」（72％）、以下、「職場の人間関係」（69％）、「賃金や処遇に対する納得性」（44％）、「企業の業績」（28％）、「正しい経営の実践」（25％）、「多様な働き方の用意」（22％）、そして、「努力・成果の正当な評価」（19％）、「何でもいえる組織風土」（19％）、「法定外福利厚生制度の充実」（19％）等と続きます。

経済的・物質的な要因ではなく、心理的要因が重要かつ必要であることがわかりま

図３　社員のモチベーションを高める上で重要なこと（36社）

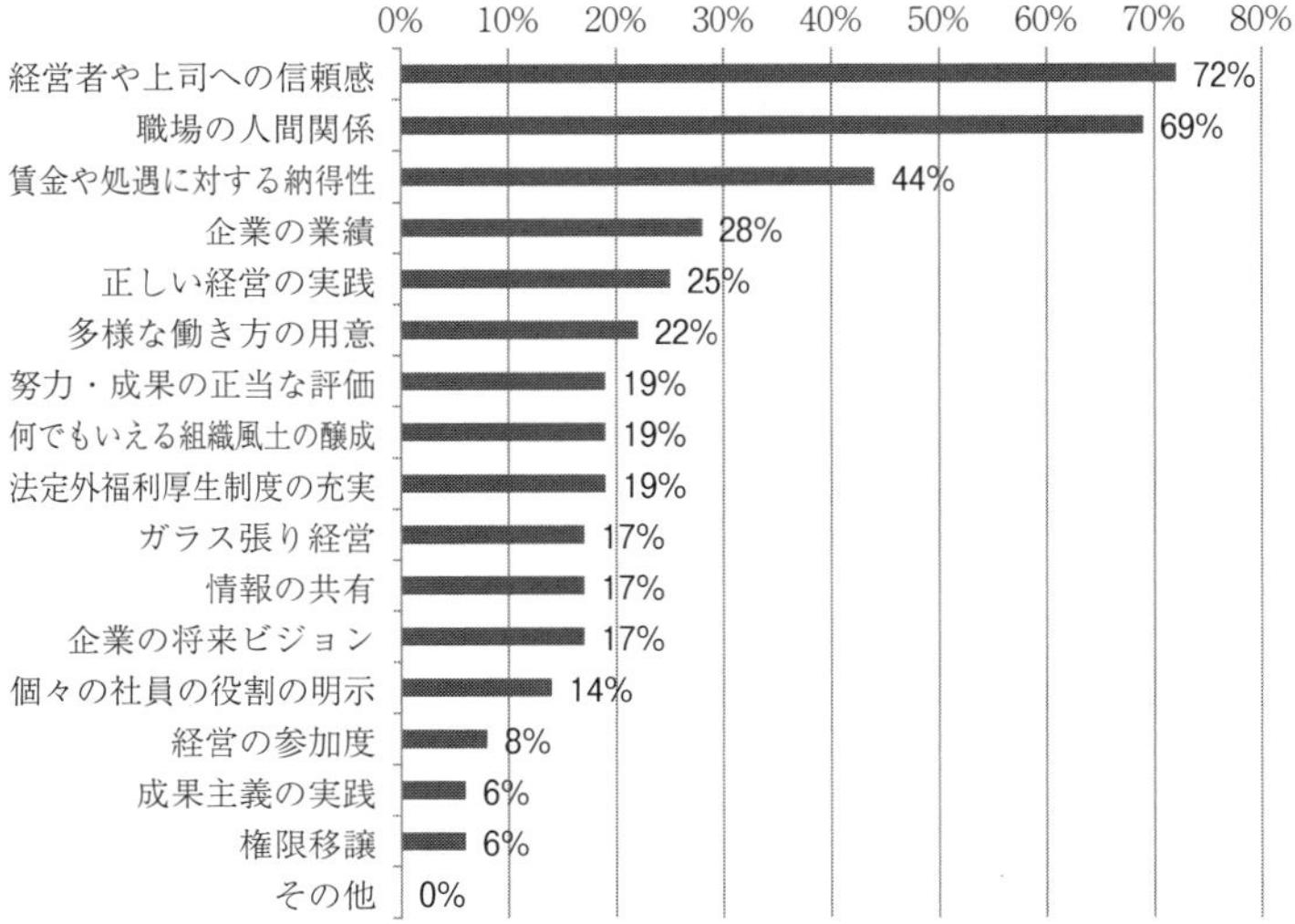

す。

大企業をはじめ多くの中小企業が考え実践している「成果主義の実践」は、人、とりわけ社員とその家族を重視し経営を行う今回の調査企業では、ほとんどありませんでした。

2．福利厚生制度の実施状況等

●現在実施している福利厚生制度（56社）

本書の主題である、法定外福利厚生制度の種類と実施状況を見たのが**図4**です。

最も多かったのが「結婚祝い金の支給」（80％）、以下、「出産祝い金、産休手当の支給」（75％）と「長期勤続表彰、慰労金（品）の支給」（75％）、「有給休暇の取得奨励」（70％）、「資格取得支援金制度」（68％）、「全施設にエアコン設置」（66％）、「インフルエンザ予防接種費の負担、補助」（59％）と「社員旅行」（59％）等と続いています。

半数以上の企業が実施している制度が14件、3社に1社の企業以上が27件と、調査企業では、多いばかりか、多彩な法定外福利厚生制度が導入されていることが示されています。

図4-1　現在実施している福利厚生制度（56社）

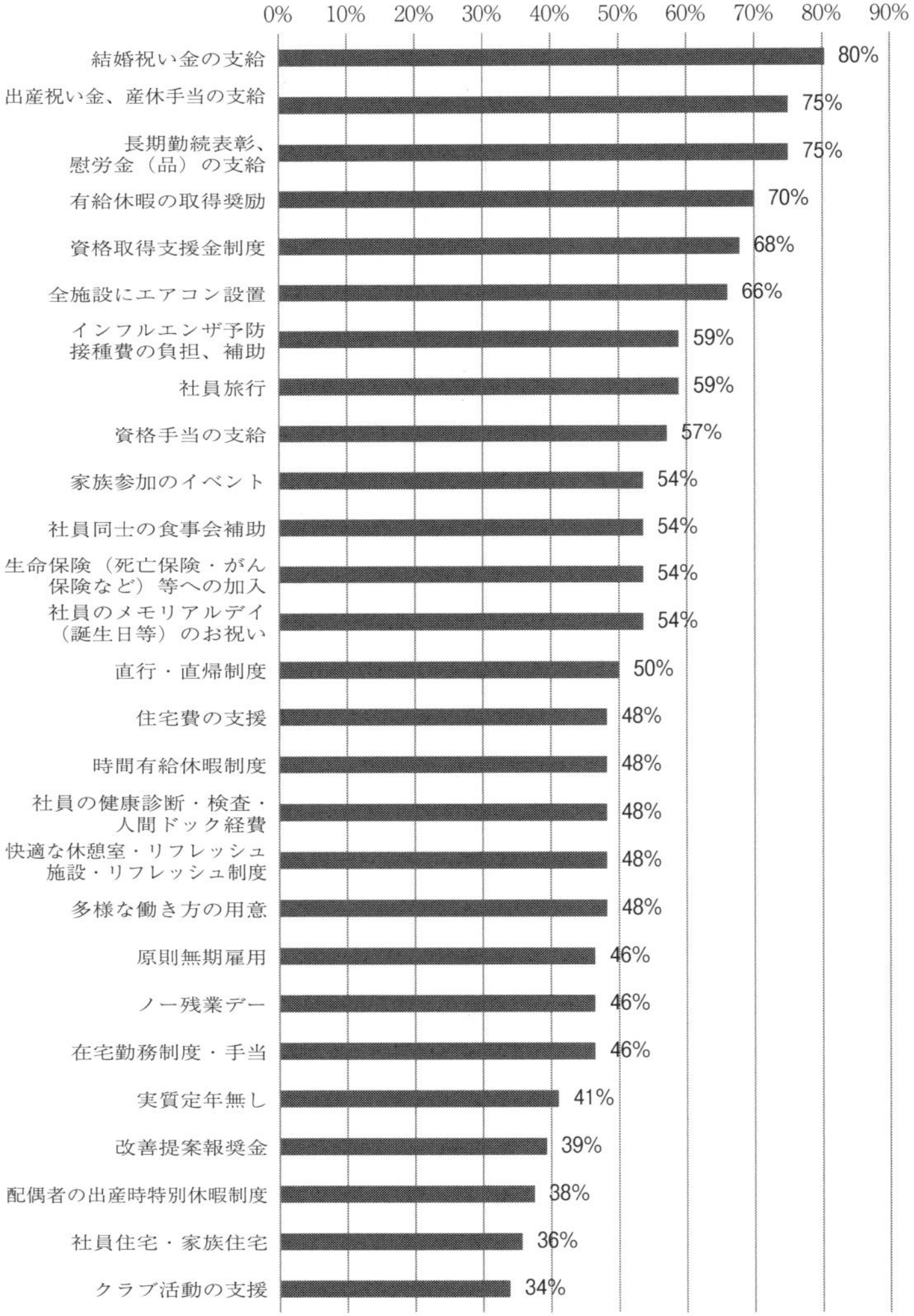

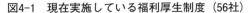

図4-2　現在実施している福利厚生制度（56社）

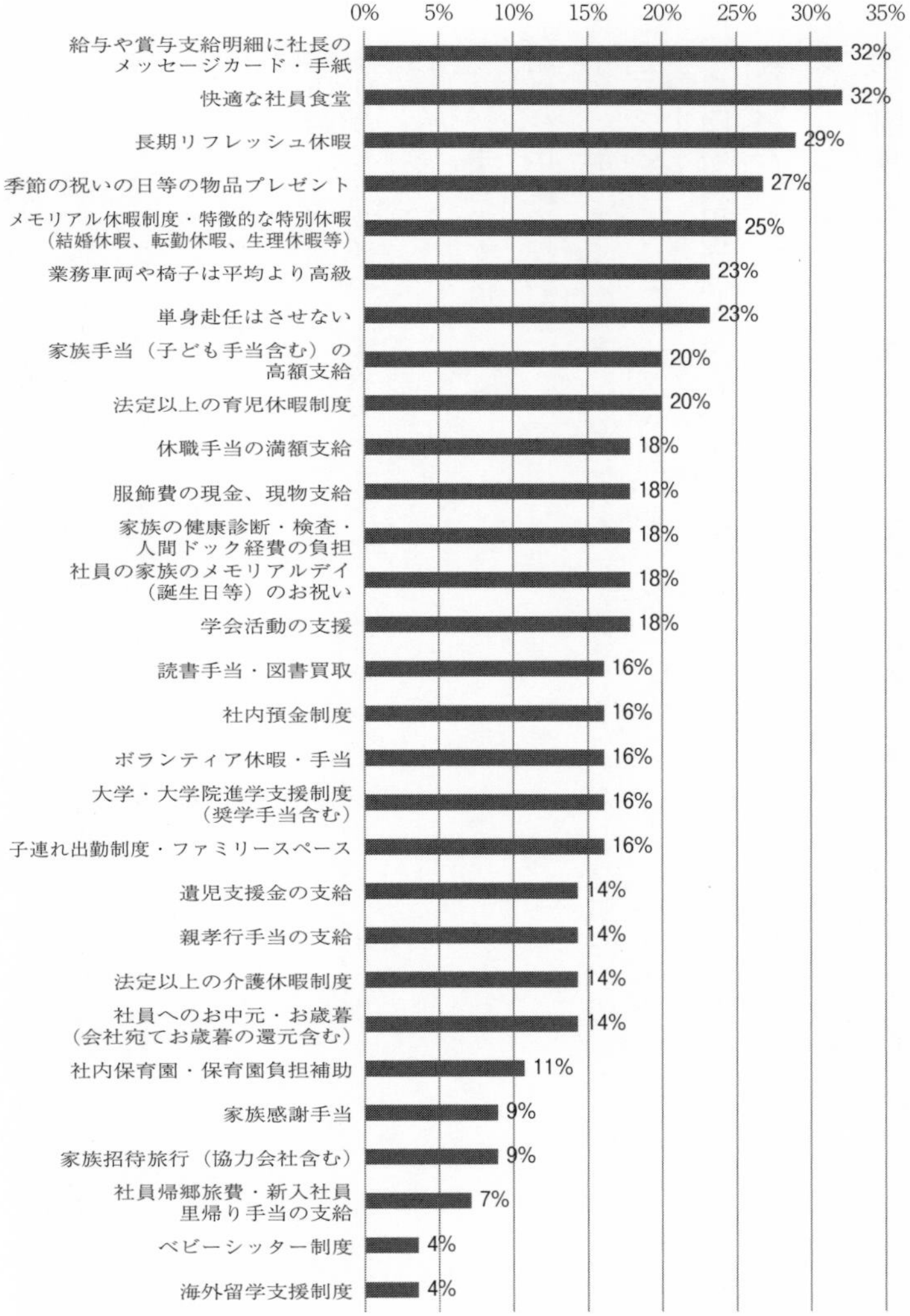
0%
5%
10%
15%
20%
25%
30%
35%
給与や賞与支給明細に社長のメッセージカード・手紙 32%
快適な社員食堂 32%
長期リフレッシュ休暇 29%
季節の祝いの日等の物品プレゼント 27%
メモリアル休暇制度・特徴的な特別休暇（結婚休暇、転勤休暇、生理休暇等） 25%
業務車両や椅子は平均より高級 23%
単身赴任はさせない 23%
家族手当（子ども手当含む）の高額支給 20%
法定以上の育児休暇制度 20%
休職手当の満額支給 18%
服飾費の現金、現物支給 18%
家族の健康診断・検査・人間ドック経費の負担 18%
社員の家族のメモリアルデイ（誕生日等）のお祝い 18%
学会活動の支援 18%
読書手当・図書買取 16%
社内預金制度 16%
ボランティア休暇・手当 16%
大学・大学院進学支援制度（奨学手当含む） 16%
子連れ出勤制度・ファミリースペース 16%
遺児支援金の支給 14%
親孝行手当の支給 14%
法定以上の介護休暇制度 14%
社員へのお中元・お歳暮（会社宛てお歳暮の還元含む） 14%
社内保育園・保育園負担補助 11%
家族感謝手当 9%
家族招待旅行（協力会社含む） 9%
社員帰郷旅費・新入社員里帰り手当の支給 7%
ベビーシッター制度 4%
海外留学支援制度 4%

●社員とその家族が喜ぶ福利厚生制度（21社）

上述した各社福利厚生制度の中で、利活用した社員とその家族の評価が高かったものは多くありますが、その中で2社以上から「社員と家族に喜ばれた」という制度は、以下のとおりです。

1. 休職手当の満額支給
2. 遺児手当の支給
3. 社員の家族の誕生日等メモリアルデイのお祝い
4. 社員食堂
5. 親孝行手当の支給
6. 結婚や出産の祝い金

この中で、最も多く（10社）「喜ばれた」と回答したのが、「休職手当の満額支給」です。病気や事故等で長期間、休職せざるを得ない場合、保険の差額を企業が負担し満額支給してくれる制度、保険の適用期間が過ぎても、企業の100％負担で給与を支給してくれたら、社員と家族は喜ぶと思います。

次に多かった（4社）が「遺児の支援制度」です。病気や不慮の事故・事件で、命を落としたり、就労困難になってしまうことは、あってはなりませんが、発生する可能性は誰だってあります。

子供が成人していればともかくですが、子供が小さかったり、まだ学生であった場合、社員の家族は本当に困ると思います。こうした時、子供が学校を卒業するまで入学金や学費の一部とはいえ、支援する「遺児支援制度」は重要と思います。

万が一に備え、多くの企業でも導入してほしいと思います。

3．人を大切にする企業の経営成果

「人を大切にする経営」「人が幸せを実感する経営」の実践が、「業績や勝ち負けを重視する経営」と比較し、社員のモチベーションのレベルが大きく異なることは上述しました。

社員のモチベーションが高い企業で業績が低い企業は存在しないし、逆に社員のモチベーションが低い企業で業績が安定的に高い企業も存在しません。

調査した56社すべての企業が、黒字経営でした。

そのことだけでも、人、とりわけ社員とその家族を大切にする経営、そのための社員とその家族が喜ぶ法定外福利厚生制度の重要性は、十分証明されたと思います。

本書では、人を大切にする企業、法定外福利厚生制度の充実した企業の、離職率、所定外労働時間、さらには社員の子供の数もあわせ調査しました。

転職的離職率は年間平均で１・５％であり、一般の10％前後と比較し大きく下回っています。つまり、定着率が極めて高いのです。

また、所定外労働時間は、総平均で月当たり10・７時間でした。一般企業のそれは業種によりり大きく異なりますが、平均すると15時間前後であり、これまた少なくなっています。

さらにはわが国経済社会の最大級の問題である少子化問題に直結した子供の数で言えば、総平均で１・99人でした。わが国の最近の合計特殊出生率は、１・３人から１・４人となっていますので、計算式は違いますが、人を大切にするいい企業が飛躍的に増加すれば、１００年後も日本の人口は、ほぼ横ばいになります。

人を大切にする企業、人が幸せを実感する企業こそが、わが国の未来に必要不可欠なのです。

第2章 いい会社の法定外福利

01 笑顔とピース溢れる会社で健康な生活を

株式会社英田エンジニアリング（金属機械製造／岡山県美作市）

●会社の概要・特長

岡山県の東部、美作市にある英田エンジニアリングは、１９７４年創業、従業員数１３０名の金属機械製造を行う会社です。第12回日本でいちばん大切にしたい会社大賞受賞企業でもあります。

同社は「ちょっと進んだモノづくり」という考えのもと、製品の改善・改良を進めるとともに、時代に即応した事業・商品開発を行う会社です。

また、近隣の耕作放棄地を利用して農業にも着手されており、農業にも最新のテクノロジーを積極的に導入するなど、機械製造だけでなく農業にもちょっと進んだモノづくりを感じることができます。

社内を歩くと、すれ違う従業員の方々が、笑顔でピースサインを出し合います。これは挨拶であるとともに「ご安全に！」というお互いへのメッセージ（注意喚起）とのことです。同社は機械製造の会社であるため、少しの気のゆるみが大きな事故につながることを従業員全員が認識し、1日1日を安全に過ごすため全従業員で考えた行動とのことでした。

●法定外福利厚生に関する基本的姿勢・運用

２０２１年に発表された健康経営宣言は、「英田エンジニアリングは、社員の物心両面の幸福を追求することを使命とし、全従業員の心と体の健康増進を、強力に推し進めることを宣言します」というものです。

また、法定外福利厚生の基本的な考え方として、「個人の生活の安定（食の健康、体の健康、心の健康）の実践により生涯を通じて幸せであるために何をすべきか考えて実践する」というものがあり、この宣言や考え方をカタチとして強く感じることができる場所が、２０２０年３月に完成した社員食堂とスポーツジム、そして禅堂です。

ＣＬＴ工法を用いて作られた食堂は、広く落ち着いた雰囲気で、提供される食事のメニューは働く人の健康に配慮した３０００種類を超えるものとなっています。一人暮らしの社員の方などが夜に食べることも可能となっており、食費に関しては会社からの補助もあるため、安価で美味しく、栄養満点の食事を摂ることができます。

働く人の健康管理を目的に準備されたトレーニングジムは、一流のスポーツジムと同等もしくはそれ以上の設備が整っており、従業員はもちろんのこと、近隣の住民の方も使用することが可能となっています。さらにトレーニングジムには専属のインストラクターが社員として常駐しており、従業員1人ひとりの健康管理やトレーニングメニューの立案をしてくれます。

ここまでが、同社の考える食の健康と体の健康を司る部分です。

●代表的・ユニークな法定外福利厚生制度

同社の考える福利厚生の中で最も特徴的な部分は、社内に禅堂を整備していることです。禅堂は、トレーニングジムの2階部分にあり、全面畳張りの50畳の広さの落ち着いた空間となっています。

この禅堂では、月に1度、岡山市内の禅寺から僧侶の方に来てもらい、就業時間内に入れ替わりで全従業員が座禅を行います。説法を聞きながらの座禅になるのですが、約30分の座禅が働く人の心の健康に寄与していると思います。

●今後の英田エンジニアリングの展望

同社は、大切大賞受賞後すぐに、お取引先様との決済方法を従来の手形決済から全額現金決済へと改善を行うなど、経営理念に基づいた、お客様と従業員の幸福を追求し続けています。同社の万殿社長は、従業員持ち株会の設置により、親族経営だった会社を従業員のモノとする方策や、公益財団法人の設立により自社だけでなく地域社会にも貢献するための方策を持っています。ちょっと進んだモノづくりから、ちょっと進んだイイ会社へと進化を続けていきます。

企業データ

社名：株式会社英田エンジニアリング　代表取締役：万殿貴志
所在地：岡山県美作市三保原678　主事業：一般機械金属機器製造業　創業年1974年
社員数（パート含む）：130名（男性105名　女性25名）　最年長社員69歳・最年少社員18歳

02 「八つの誓い」で行動し日本で一番「ありがとう」を集める会社になる！

株式会社エイト（不動産・建物総合管理・建築土木・造園工事・コンクリート研磨・イベント催事ほか／東京都八王子市）

●会社の概要・特長

東京の八王子市に、建物総合管理・不動産事業から造園工事やコンクリート研磨、広告代理業やイベント・催事まで、事業を多角的に展開し、地域社会の発展に貢献を続けるエイトがあります。

「果敢に挑戦する・全力で行動する・想像力を発揮する・広い視野で考える・誠実に対応する・礼儀を重んじる・信頼を大切にする・社会に貢献する」という「八つの誓い」は、若い頃から様々な経験と苦労をしてきた代表取締役会長・白柳雅文さんの創業時の想いです。

同社は、１９８８年7月に東京の八王子市に設立、当時は運輸・倉庫業から始まりましたが、あるきっかけで在日米軍関連の仕事をすることになります。

最初は横田基地のゴミ箱の清掃業務でしたが、倉庫・陸送の仕事を経て、「芝生の管理」という業務に携わります。アメリカの人たちにとって、しっかり管理された芝生は人間性の象徴。基地内に住む兵士たちは、芝生の手入れがしっかり行き届いているか、管理されているかどうかでラベリングされるのです。

そういうお客様が大切にしていることに対して、誠実に務めてきたエイトだからこそ、そこに相手との信頼関係が生まれることを知っているのです。

育った環境や文化が違えば考え方も異なるということをこの仕事を通して強く意識するようになります。「仕事をしていくには、相手に受け入れられ、認められることが大事。違いをスピーディに学ぶ必要がある」と白柳会長は言います。いまのエイトのお客様に接する姿勢の原点に繋がっているのです。

●法定外福利厚生に関する基本的姿勢・運用

白柳会長の理念には、社員が何を欲しているのか、何をすると喜んでくれるのかを大切にし、時にはほかの会社の良いものを真似る、という柔軟な姿勢がベースにあります。

本社ビルにテナントスペースが空いた時期には、お子さんを持つ社員のための保育所として活用するとか、愛煙家が煙草を吸いながらもしっかり仕事に向き合えるワークスペースにしようか、といった突飛なアイディアもあったようですが、快適な休憩スペース・リフレッシュ施設など、社員が安心安全にリラックスできるように、ということを念頭に、何が喜ばれるのか、社員の声を聞いて選びたいと白柳会長は語ります。

●代表的・ユニークな法定外福利厚生制度

仕事に邁進し出世は早かったが、婚期が遅れてしまった独身社員のAさん。コンパやお見合いに参加した会場で証拠写真をパチリとすれば、毎月応援金が貰える制度です。「参加写真を見せるのは少々照れくさいけど、独身の部下も誘って報告すれば、痛み分けかな」としっかり活用してこちらのほうも邁進中ということでした。

また、自己啓発の重要性は言うまでもありませんが、忙しい中であっても何かを学んでほしいという考えから、書籍代の補助金を月額３０００円まで支給しています。白柳会長も読書を好まれる方で、毎年社員に配布される手帳には、推薦図書として30冊以上の書籍がリスト化されています。このように、公私様々な観点から、社員のことを考えた福利厚生のアイディアが生み出されています。

●今後のエイトの展望

日本で一番お客様はもちろん社会から「ありがとう」を集める会社になる、という文章が毎年の経営計画書の冒頭の記載です。続けて、社員が朝起きたら早く行きたくなる会社になる、とあります。それこそがエイトの夢なのです。

企業データ

社名：株式会社エイト　代表取締役会長：白柳雅文
所在地：東京都八王子市明神町3－20－5　設立年：1988年7月（当時 株式会社エイト商事）
主事業：不動産・建物総合管理・建築・土木・造園工事・マンション管理・コンクリート研磨 他
社員数：754名（男性：361名、女性：393名、パート677名含む）　最年長社員82歳・最年少社員20歳

03 健やかに暮らす

株式会社エコ建築考房（新築・増改築・リフォーム・薪ストーブ販売施工／愛知県一宮市）

●会社の概要・特長

同社は、創業1998年、現代表の義父・高間利雄さんが創業しました。創業以来、新築・

増改築・リフォーム・薪ストーブ販売施工を中心に営んできました。起業のきっかけとなったのはシックハウス症候群のお客様との出会いで、健康リスクの高い家づくりをやめたい、『笑顔があふれる家づくり』がしたいということでした。現在ではベニヤ、合板、ビニルクロスを使わないといった材料にもこだわりますが、住む方の住み心地を重視しデザインにも力を入れています。

2代目社長となり、まずは売上や利益を社員と共有するようにしました。そして、この業界では、工務店が総合展示場に出ていくなんて絶対失敗すると言われた常識を破り、現在では2か所に出店しており新規客の大きな入り口になっています。

「いい家を作っていれば売れる」ではなく、もともと業界人ではない現社長の喜多さんは、つながりを多く持ち、自社のアピールに力を入れていました。地域のマルシェに参加したり、自社でも毎月マルシェを開催するなど、年間60回を超えるイベントを開催しました。

こうして人の目に触れることに力を入れ、お客様に体感していただける環境を作ってきました。社員のやりたくないことをさせるのではなく、やりたいことを実現するために何をするといいか、を社員と共有して実現したのです。今では社員、協力業者、お客様、地域を大事にする四方良し経営を経営方針の柱として社員一丸で取り組んでいます。

●法定外福利厚生に関する基本的姿勢・運用

同社は、お互い様精神を基本としています。社員として一生懸命仕事をしてくれている中で、家族や近隣の人などが病気や介護、教育などでいろいろなことが起きます。すべてに対応していくのは難しいですが、できるだけ対応していきたいと思っています。ですから、制度で決まっていることだけではなく、気軽に相談できる風土に重きを置いています。

●代表的・ユニークな法定外福利厚生制度

同社が現在実施している法定外福利厚生制度の中で代表的、あるいはユニークな制度を２つ紹介します。

①　お誕生日お祝い補助

社員に対してこの制度を導入している会社は多いですが、エコ建築考房では、社員とその家族が対象となり、各誕生日に上限５０００円の食事代の補助をします。家族全員になるので４人家族であれば４人の誕生日会を開いてあげられます。家族がみんなの誕生日が楽しみになっているそうです。

②　レクリエーション費用補助

この福利厚生は社員からの提案です。業務以外の趣味を共有することにより社員同士をもっと知りたいというもので、その活動費用を補助するものです。現在は運動不足解消サークルと日本酒愛好会があります。運動不足解消のほうは毎月2回活動しており、バドミントンや卓球など誰でも楽しめるものや、アドベンチャー施設に行って家族ぐるみの関係もできてきています。日本酒愛好会は美味しい日本酒について語り合うもので、年齢や性別に関係なく楽しい時間になっています。

●今後のエコ建築考房の展望

健やかに暮らす家づくりは一段と重視し続けていきますが、家の中の健康安全だけでなく、そこに住む家族同士のつながりや親子の関係性も、健康で安全でないと健やかな暮らしはできないと思っています。２０２２年8月に本社敷地内にオープンした親子の遊び場である『つなぐの森ハリプー』は、子育てでうまくお子様とコミュニケーションの取れないお母さんも自然と子供と一緒に遊べる施設となっています。日ごろからご近所の方をはじめ地域の方とのつながりや、木材を使うことから山や森へ行くこともあり、多くの人に助けていただいています。それらの人とのつながりからエコ建築考房が健康で安心して暮らせる良い家づくりができているのだと思います。

「家づくりを続けていくためにも、いろいろなつながりに感謝しながら人を大切にする経営を実践していきたい」と喜多さんは言います。

企業データ

社名：株式会社エコ建築考房　代表者：喜多茂樹
所在地：愛知県一宮市九品町４－22
主事業：新築増築改装リフォーム、薪ストーブ施工販売、親子の木質遊び場運営
創業年：１９９８年　社員数：53名（男性19名、女性34名）最年長社員65歳・最年少社員21歳

04 先祖が敷いた古いレールの上に、新しい列車を走らせたい！

株式会社おづつみ園（緑茶の栽培・製造・卸売・小売／埼玉県春日部市）

●会社の概要・特長

おづつみ園は、クレヨンしんちゃんで有名な埼玉県春日部市にある、お茶の製造・販売店を4店および、日本茶カフェ「茶寮　はなあゆ」を運営している会社です。１８６８年創業の老舗で、現在は4代目・尾堤宏社長が経営しています。

もともとお茶どころとは決して言えない春日部で茶栽培を始めたのは、同店初代の卯三郎です。関東のお茶どころ・狭山から茶の苗木を移植し栽培を始めました。とはいえ最初は商売目

的ではなく、自家消費していたようです。

そして2代目が、わが家の茶樹を周辺の農家に無償で分けたことから近隣に茶栽培が広がり、一躍地域の特産物になりました。集まる茶葉は年々増え、手作業では処理しきれなくなったところ、3代目の父・英雄が戦後の動乱期に大英断。現代に換算すると2000万円もする製造ラインを導入し機械化を図り、本格的な製茶・小売に乗り出しました。

4代目の宏社長は、大学4年生の春「お茶業界は、伝統はあるが元気がない。そんな中だからこそ、新しい挑戦ができるのではないか」と店を継ぐことを決めました。静岡の茶農家や研究所で合わせて2年、神戸の茶小売店で3年半修業し、地元に戻りました。百貨店への出店、新店のオープン、茶摘み体験などのイベントも始めました。

「未経験のことを任されプレッシャーを感じつつも、いろいろなことをして、失敗もして、お店も、私も成長させてもらいました」と宏社長は語ります。

●法定外福利厚生に関する基本的姿勢・運用

同社の経営理念は、「より良い品を、よりお求めやすく」です。品質に徹底的にこだわってつくりあげた自社ブランドのお茶を、社員がまごころを込めてお客様に販売することで、この理念を体現しています。この理念を体現するための仕組みとして福利厚生制度を運用し、ここ10年ほど転職的離職率はゼロ、有給休暇取得率は100%、月間平均残業時間は一桁台を実現しています。

●代表的・ユニークな法定外福利厚生制度

同社が現在実施している法定外福利厚生の中でユニークな制度をご紹介します。

①　定年制度はあるが適用せず

まだ働けるのに年だから辞めるというのは、どう考えてももったいないことです。そこで同社では、16歳で入社し今は78歳となった現役工場長をはじめ、ご高齢の方が多く働いています。いつまでも働ける自由な社風があります。

②　喜びは〝お互いさま〟

新年会や社員旅行など、いつも宏社長と専務（奥様）がもてなす側なので、お返しにとして始まった「専務のお誕生会」。人は、自分が喜ぶこともちろん嬉しいのですが、人を喜ばせることもさらに嬉しいということがわかる、社員同士の心があたたまる会です。

●今後充実したい法定外福利厚生制度

同社は今まで、働くママさんが多かったので、制度というほどではないのですが、お子さんの病気の時の休暇取得や、遅出・早退など、勤怠を柔軟に運用してきました。そして今増えてきたのは、親の介護の問題です。親の介護を理由とした休暇・時短なども、今後柔軟に運用していく予定です。

そして同社の今後の展望について、宏社長はこう言います。

「お茶屋は斜陽産業です。とはいえ、お茶屋がなくなっても、お茶がなくなることは絶対にありません。むしろこれから、お茶の役割がよりいっそう増していくのではないでしょうか。私どものカフェでは、お茶のある空間を提供しています。さらには、お茶を通して人と人をつなぐなど、お茶を売る店からお茶のある時間を提供する店にしていきます。そのために、お茶と組み合わせることでお茶の新たな可能性を広げる食材として、お茶と一緒に無添加パンやギリシャヨーグルトを自家製造するなど、新しいことにも積極的に挑戦していきます」

企業データ

社名：株式会社おづつみ園　代表者：代表取締役会長　尾堤英雄　代表取締役社長　尾堤宏
所在地：埼玉県春日部市粕壁2－1－1
主事業：緑茶の栽培・製造・卸売・小売
創業：1868年　社員数22名（男性：3名、女性：19名）最年長社員78歳・最年少社員33歳

05 子供だけでなく大人も集う幼稚園

学校法人柿の実学園（幼稚園・保育園運営、子育て支援事業／神奈川県川崎市）

●法人の概要・特長

学校法人柿の実学園が運営する柿の実幼稚園には、日本全国から引っ越してまで通園を希望する方々が多くいます。幼稚園や保育園の場合、毎日利用するという負担から、利用者は施設の地元住民が主になります。ところが、柿の実幼稚園の利用者駐車場では、県外ナンバーの車の行き来が珍しくありません。

2022年の園児数は900名、職員数は172名。柿の実幼稚園では障がいのある幼児を幅広く受け入れており、約120人もの障がいのある園児が通っています。ただでさえ保育士不足があちこちで指摘されていますが、障がいのある園児に対しては通常より多くの教員配置が必要となります。ところが、同法人の運営する幼稚園、保育園には、業界の傾向とは異なり、保育士、幼稚園教諭等から多くの応募があるのです。

●法定外福利厚生に関する基本的姿勢・運用

同法人では、教育経営基本方針を毎年定めています。そこでは、柿の実学園グループの職員

1人ひとりが子供や親と向き合う際に大切にしてほしい考え方がまとめられています。「教師は最大の教育環境である」と定めて職員の自覚を求めつつ、様々な視点から職員の負担を軽減しようという取り組みが行われています。

例えば、園児のみならず、職員も遠方から就職申し込みがあります。職員の居住するマンションが柿の実幼稚園の近隣に職員寮として確保されていますが、職員に利用料の負担はありません。家族を持つ男性職員のために戸建ての職員寮も数棟確保されていますが、利用料の負担はなんと月額2万円です。負担が少なく安定した生活環境が提供されることにより、働く職員は思い切り仕事に取り組むことができます。

●代表的・ユニークな法定外福利厚生制度

同法人のユニークな制度の1つとして、法定内福利費の法人負担が挙げられます。一般企業でも、雇用保険、労働保険、厚生年金保険などにかかる費用の労働者負担分があり、これは労働者の給与の支払総額から控除されるのが当たり前です。

しかし、同法人では、雇用保険、労働保険、私学共済掛金（私立学校における厚生年金保険に相当するもの）の労働者負担分まで法人が負担しています。保育士・幼稚園教諭の賃金の低さがよく指摘されますが、この取り組みによって職員の待遇改善が図られています。

また、同法人のユニークな制度として、非常勤職員から常勤職員への転換制度が挙げられます。新卒の保育士・幼稚園教諭は数年働くと結婚し、出産を機に退職することも少なくありません。子育てが一段落した時に復職してくれればよいのですが、賃金水準への不満などを理由に他業種へ就職してしまうことも少なくありませんでした。

同法人では、ライフワークに合わせて柔軟に働くことができるような環境を備えており、育児等を機に退職した職員も非常勤職員として復帰することが可能で、さらには再び常勤職員へ転換しやすくすることで女性が長く活躍できる場を提供しています。

様々な法定外福利厚生制度の下、職員たちが生き生きと働く様子が、子供や保護者にも伝わっているようです。同法人の柿の実幼稚園には卒園児の就職希望が多く、職員の約３分の１は卒園児です。２０２２年の就職予定者８人中５人が卒園児とのことです。また、保護者の中にも就職希望をする方がおり、柿の実幼稚園のホームページは元保護者の方により作成、更新されています。

さらに、一般的には、幼稚園本務教員は子供13人に対して教員１人が配置されることが多いのですが、柿の実幼稚園では子供６人に対して教員１人が配置されるなど、ゆとりのある人員配置がなされており、職員の休憩のしやすさ、休みの取りやすさにつながる好循環が実現されています。

●今後充実したい法定外福利厚生制度

近年は、保育園の増設を続けることで保育の受け皿も確保し、自分の子供を預けながら保育士として働く選択肢も確保し、職員の定着率のさらなる向上につなげています。

園長の小島澄人さんは、「いかに心を掛け、言葉を掛け、子供のために汗をかいたか」、「師は子供第一主義に徹する」と職員に幼児教育のやりがいを説く一方で、職員が全力で仕事に取り組めるよう働きやすい職場環境の整備を徹底しており、まさに人を大切にする経営を実践されています。

法人データ

社名：学校法人柿の実学園　代表者：小島哲史　柿の実幼稚園　園長：小島澄人
所在地：神奈川県川崎市麻生区上麻生7－41－1（柿の実幼稚園）
主事業：幼稚園・保育園運営、子育て支援事業
創業年：1962年
職員数（パートスタッフを含む）：約172名（グループ全体700名）（男性：23名、女性：149名）
最年長社員79歳・最年少社員20歳

06 圧倒的な恩送り

陰山建設株式会社（建設業／福島県郡山市）

●会社の概要・特長

陰山建設は、1954年現社長の祖父が陰山工務所として創業しました。そして7年後、今の陰山建設としました。現在の主事業は、オフィス・医療施設・福祉施設・生産施設（工場）・公共事業・商業施設・マンションや集合住宅等幅広い分野の建設を手掛けています。また、近年では、太陽光の取り組みや建設情報可視化アプリの自社開発まで行っています。

祖父から父、父から子へバトンが渡され、現在、3代目が活躍しています。「着任時は順風満帆ではなかった。資金繰りに苦労し、一時は経営危機も感じた」という現社長。折れそうな暗闇の中、光が差したのは協力会社の方々とのつながりでした。「この方たちがいなければ今の会社はありません」と陰山社長は言います。その経験や想いが今の考え方のベースになっており、本当に大切にしなければいけないものは何なのか、その時に誰も辞めることなく信じ続けてくれた社員への感謝の想いが、同社の風土へとつながっているのです。

現在、社員数51名（男性42名・女性9名）。すべて正社員であり、定年はなし。最年長の方は78歳です。勤続50年以上の方も複数おり、若手の社員と混じって生き生き働いています。社員1人ひとりに合わせた働き方が相談できる環境下は、制度ではない優しさを感じます。

●法定外福利厚生に関する基本的姿勢・運用

自分が社員だったらという考えが大前提にあります。社員やその家族が喜んでくれるだろうということはしてあげたい、反対されても貫く気持ちです。社長就任当初の厳しい時も自分を信じてついてきてくれた社員がいた、その時の気持ちが今の考え方の礎になっています。

代表的な制度で言えば育英会の設立です。社員の家族まで安心の輪を広げた他にはない取組みです。原資の一部は、太陽光事業の一部の収益を充てることで無理なく運営しています。また、社員をはじめ取り巻く関係者やボランティア活動で知り合った方々までの幸せを願っています。その精神は海外での活動にも及び、カンボジアに２０１７年から5か所の井戸の寄付をしてきました。水は生活の一部のため、現地の方も大変喜んでいるそうです。建設業のあり方とは、存在意義とは、そんな気持ちにさせる枠を越えた恩送りを感じさせてくれます。

●代表的・ユニークな法定外福利厚生制度

同社が現在実施している法定外福利厚生制度の中で、代表的、あるいはユニークな制度を2つ、ご紹介します。

１つ目は育英会の設立です。同社を語る上でなくてはならない制度だと思います。建設業のため危険が伴う仕事になります。社員に万が一、事故などが起きてしまった際に、残された遺族である子供たちを、22歳まで学費支出を約束する制度です。何も起こらないことが一番の望みですが、どんな時も社員とその家族が安心して働ける環境を守るという他にはない制度だと思います。

2つ目はドローンパイロットの資格支援制度があり、社員51名中、33名が資格保有をしています。同社ではＤＸ（デジタルトランスフォーメーション）にも注力しており、ＩＴを活用した先進的な現場運営をしています。建設情報可視化アプリ「ビルモア」を自社開発しており、顧客満足度向上へつなげ、また業務の効率化を図っています。現場で働く社員が疲弊することなく、会社にいながら現場状況を把握できるので、残業時間の短縮にも大いに役立っています。

また相乗効果として積極的にＩＴを導入することにより、幅広い年齢層の活躍と若年層からの採用活動にもつながっています。余談になりますが、ＩＴ活用ならではの取り組みとして、携帯端末が多いご時世、デバイス手当という制度を取り入れているのも魅力の1つです。

●今後充実したい法定外福利厚生制度

「女性にスポットをあてて、誰でも活躍できる企業を目指したい。女性部会のような部会を作って、要望だけではなく、自分たちで考えさせるプロジェクトを発足させていく考えです。何のためにやることなのか、それがどこへつながるのか等、目的を明確化することで意味が変わってきます。そんな部会を作っていく考えです。男性と女性が本当の意味で五分五分になり、どちらも頑張る組織を作っていきたいです」と陰山社長は言います。

企業データ
社名：陰山建設株式会社　代表者：陰山正弘
所在地：福島県郡山市石渕町1－9　主事業：建設業　創業年：1954年
社員数：51名（男性：42名、女性：9名）　最年長社員78歳・最年少社員21歳

07

「先保後利」理念を実現する福利厚生

株式会社ガスパル（エネルギー事業（LPガス・都市ガス・太陽光）／東京都品川区）

●会社の概要・特長

ガスパルは主に集合住宅にLPガス供給設備の設置と保守サービス、LPガスの販売を行っています。ガス設備の設計・施工からガスの充てん・配送、保安業務を一貫して提供しています。業界最高水準の保安技術の構築を目指し、近年は都市ガス提供や再生可能エネルギー事業へと事業領域を拡大させています。

同社は経営理念として「先保後利」を掲げており、「お客様のために先ず保安があり、最上級の保安とサービスをご提供することで、利益は後からついてくる」として、何よりも保安を最優先しています。

同社が保安に対する姿勢を確立されたのには理由があります。

２００2年の設立後、管理物件が年々増加し、毎年4～5営業所を出店するペースで企業規模が大きくなっていきました。しかし、担当する物件数に体制、人員が追いつかず保安業務が十分に行き届かない状態となり、２００6年に所轄官庁から一部営業停止という行政処分を受けました。そのことでお客様や取引先に多大なご迷惑をおかけしたことを反省し、二度と同様の事態を招かないようにするだけではなく、「保安ナンバーワン企業」となることを目指したのです。

●法定外福利厚生に関する基本的姿勢・運用

「保安ナンバーワン企業」実現のためには、保安を実践する人材の育成と、社員が働きがいをもって活き活きと働くことができる環境の実現が最重要であると考え、法定外福利厚生を含めた様々な環境整備を進めてきました。

働きがいのある会社の実現には、社員が会社、経営者、管理職を「信頼」し、自分の仕事に「誇り」を持ち、一緒に働く人たちとは「連帯感」や助け合いの風土を醸成することが必要です。

ワーク・ライフ・バランスも重要と捉え、制度や休暇を利用しやすい環境づくりを進めてきました。休暇を取りやすい工夫として「アニバーサリー休暇」（社員自身や家族の記念日に取得を推奨）、「プチバカンス休暇」（有給休暇と土日祝日を合わせて最大5日の連続取得を推奨）等のような名称をつけることで取得率を高めています。

また、常に他社の福利厚生制度と比較し、自社に足りない制度の追加や、社員から要望を募りES向上委員会や風土改革プロジェクトなどの社内機関で実現の検討を行っています。

●代表的・ユニークな法定外福利厚生制度

同社は女性にとっても働きやすい職場を目指して、女性へのサポートや、出産等に関する制度を充実させています。

「サポート有給休暇制度」は、過去に失効した有給休暇を私傷病や育児・看護などで5日以上休業する場合に利用できます。2021年からは長期に定期的に通院が必要な不妊治療、がん治療、人工透析において1日単位で利用できるようにしました。妊娠判明時から利用できる「マタニティ短時間勤務」、「マタニティ休業」、配偶者の出産時に7日間の特別休暇（有給）を分割取得できる「配偶者出産特別休暇」があります。

また、育児休業を2か月以上取得し復帰する社員へ感謝の意を込めてお渡しする「サンキュー手当」は女性社員からの発案で制度化されました。

同社には「理念行動推薦制度」があります。従業員が経営理念に合致している行動を行った際に「理念行動」として認定し、「Ｐｏｒｉｃａ（せんぽこうりカードの略称）」を贈呈しています。さらにその中から年に一度、全社員の投票でＭＶＰを決定して表彰し、副賞として旅行券等を贈呈します。例えば事業所の前の交通量が多く歩道がない道路沿いで、特別支援学校の送迎バスを待つ視聴覚障害のあるご家族を見た社員が、安全な事業所の敷地をバスの停留所として使用していただくようご案内した行動や、ガス設備の使用方法を案内する際に視覚障害のあるお客様に出会った社員が、点字シールを自ら作成してガス設備に貼り付けるなどの行動が表彰されています。とある社員は副賞の旅行券でお子さんの大好きな動物園等をめぐって旅館へ泊る旅行を家族にプレゼントし、家族からの感謝と尊敬を受けたそうです。

●今後充実したい法定外福利厚生制度

現在、エネルギー業界は転換期でもあり、同社の事業・サービスも拡大しています。社会と共に働き方も変化する中で、その環境に合わせた法定外福利厚生が必要になると予想しています。同社はこれから特に、熟練社員のスキル継承も目的とした定年後再雇用制度の拡充、介護・看護支援、男性社員がもっと育児に参画できる仕組みを充実させたいと考えています。

社員が健康で長く働ける環境を整備させていくことで、安心して力を発揮、理念行動を実践し、保安ナンバーワン企業として躍進し続けていくことが同社の目標です。

企業データ
社名：株式会社ガスパル　代表取締役社長：橋本俊昭　所在地：東京都品川区東品川2－2－24
主事業：エネルギー事業（LPガス・都市ガス・太陽光）　設立年：2002年
社員数：1043名（男性：767名、女性：276名）　最年長社員65歳・最年少社員22歳

08 シルクの可能性は無限大！　新産業を創出し、この町の雇用を守る

株式会社きものブレイン（きもの総合加工事業・シルク新事業／新潟県十日町市）

●会社の概要・特長

「いやー、円安で大変なことになっていますよ」。岡元社長からの開口一番の言葉でした。同社は、1980年に全国で初めてきもののアフターケア事業を創業し、きものの一貫加工ビジネスモデルを確立しました。その仕組みは、きものの湯のし、修正、ガード加工、紋入れなどのビフォア加工、ベトナムの同社子会社における約380人の現地社員による高品質な縫製作業、きものの丸洗いやしみ抜き、黄変抜き、工芸修正、ヤケ直しなどのアフターケア、メンテナンス。このビフォア加工から縫製、アフターケア、メンテナンスまでを一貫加工し、様々な

消費者ニーズに対応するとともに、航空便を利用した適切な納期管理をもすることで全国１４００店の呉服店から高い評価を得ています。

円安とコロナ禍は、この成功サイクルを逆回転させました。ドル払いによる縫製価格の高騰、コロナによる航空機減便、円安・燃料暴騰による航空運賃の値上げ。経営はダブル・トリプルパンチの状況に陥ったのです。

しかし、同社は数年前から様々な困難を想定し、すでに業務改革に取り組んでいました。２０１５年に全社員が共に喜びを分かち合える全員参加型の経営を目指し、「きものブレインフィロソフィ」を導入、その理念を毎朝唱和することで全社員の心を1つにしてきました。

２０１６年2月には京セラアメーバ経営を導入、アメーバリーダーはアメーバの経営者として采配を振るい、チームの時間当たりの採算を管理しています。また多様な人材が活躍できる職場環境が企業を活性化させ成長させるという考えからダイバーシティ企業を目指しています。内容は、①障がい者雇用、②女性活動支援、③新卒の積極的採用、④子育てサポートです。

１９８９年より開始した障がい者雇用では、若手を中心に任期2年の支援委員会が5チーム（知的・精神支援、聴覚支援、車椅子支援、身体支援、内部支援）に分かれ活動し、現在32名の様々な障がいのある社員と共に働いています。（障がい者実雇用率14・75％）

また、過去に養蚕が盛んだったこの十日町地域で新たなシルク産業の創出を目指し、「無菌人工給餌周年養蚕」による繭の人工飼育の研究開発に取り組み、量産化に成功しました。フラボノイドなど優れた健康・美容成分を多く含むこの「みどり繭」が生まれたことから、その成分を活かすブランド「絹生活研究所」を立ち上げ、インターネットで販売もしています。

●法定外福利厚生に関する基本的姿勢・運用

〝きものを愛する人の幸せを想い、きものの幸せを考え、人間性を磨き技術を磨いて、地域に誇れる企業を創る〟経営理念のもとダイバーシティ経営を進め、特に積極的な障がい者雇用と女性の管理職登用を推進しています。

参考指標：正社員比率（無期雇用社員）85％、転職的離職率5％、月間所定外平均労働時間6時間

●代表的・ユニークな法定外福利厚生制度

会社参観日を作って社員の子供たちを招待したことで、「わが子に親のやっている仕事が分かってもらえました。会話が弾みました」と大変好評でした。今後とも継続していく方針です。

●今後のきものブレインの展望

前出の無菌みどり繭を原料に、医薬品・健康食品・化粧品分野でシルク産業の創出に挑戦しています。直近では、同原料からアトピー性皮膚炎の治療剤を開発し、２０２２年11月からクリニックと共同臨床研究を始めています。２０２３年春にも化粧品分野での商品化を目指して

います。

人口減・高齢化・過疎化する地方都市十日町市と共に成長するため、「きもの文化村」構想を発表しました。その第一期工事として、２０１６年に新社屋〝きものブレイン夢ファクトリー〟が完成しました。この工場を核に、この地域のおいしい食（米・蕎麦・山菜など）、豊富な温泉、芸術祭が融合し、全国のきものファンが集うシルク産業・文化都市「十日町」を追い求めていきます。

企業データ

社名：株式会社きものブレイン　代表者：岡元松男
所在地：新潟県十日町市高田町６－５１０－１　主事業：きもの総合加工・絹生活研究所　創業年：１９７６年
社員数：２５９名（うち障がい者32名）（男性正規：61名、非正規：12名、女性正規：１６０名、非正規：26名）
最年長社員74歳・最年少社員19歳

09 誰もが安心できる会社づくり

株式会社共同（ビルマンションの管理・メンテナンス・清掃／静岡県浜松市）

●会社の概要・特長

同社は1978年、ビルメンテナンス業として創業しました。歩みを進める過程で警備部門、マンション管理部門に特化した子会社を分社化し、現在は3社が連携して、経営理念である「あらゆる建物の快適と安心をかたちに」の想いから優良なサービスの提供を目指し事業展開してきました。現社長は3代目ですが、血縁ではなくアルバイトで入社された方で、下積み時代の経験から「CSより先ずはES」を就任時より経営のテーマとして掲げ社員の成長をサポートすることで、会社への満足度を高めてくれた社員のみなさんが、お客様や地域社会へ、社業を通じて社会的使命を果たしていこうと事業を展開しています。

今でこそビルメンテナンス業界は高層化・多様化する建物のメンテナンス、環境への維持管理業として認知をされてきてはいますが、創業当初は、業界自体の認知度も低く、また、技術や品質を向上していくといった風潮はありませんでした。しかしながら同社はメインの清掃だけでなく排水管洗浄や設備工事にも力を入れ、総合管理業として成長しています。そもそもビルメンテナンス業は高齢者が就業することが多い業種であることから、高齢者が働く環境づくりに尽力しており、障がい者雇用にも積極的に取り組んでいます。また、コロナ禍を経験したことにより、これまで以上に社員に「安心感を与えられる会社づくり」への想いも強くなり、社員やその家族、協力業者の方々にも感謝の気持ちとして、無理をせず出来る範囲での法定外福利厚生を充実させています。

●法定外福利厚生に関する基本的姿勢・運用

現社長の有賀さんの「こうしてくれたらもっと会社は良くなるはず」「こういう制度があったら退職者は少なくなるはず」といった悔しく思った従業員時代の経験・視点から、「人を育てる・大切にする」といったビジョンを周知するようにしました。就業規則や法定外福利厚生も充実させて、社員満足度も非常に高く、人を大切にする経営を実践している企業です。

●代表的・ユニークな法定外福利厚生制度

同社が現在実施している法定外福利厚生制度の中で代表的、あるいはユニークな制度を２つ紹介します。

①　家庭の日

家庭の日とは毎年10月の自分の都合の良い日にちを時短勤務にして家族サービスに充て、家族で外食をしてその費用を会社が負担する制度です。この制度は、有賀社長が、家族からも応援される会社でありたい、仕事柄不規則な勤務状況でもバックアップしてくれる家族に感謝したいという強い気持ちから始まりました。8月くらいからワクワクされている家族も多いようで、準備の段階から家族の会話が盛り上がると聞くこともしばしば。家庭の日が終わると、ご家族からお礼のお手紙をいただくこともあり、家族のみなさんが家庭の日を有意義な時間として過ごされていることが社長自身何よりもうれしいそうです。また、これにより離職率の低下にもつながっています。

②　親孝行手当

親孝行手当とは、75歳以上の実父母がいる場合に1人5000円を毎月手当として支給する制度です。どのような形でもよいので親孝行を習慣化してもらいたいとの想いからです。というのも、有賀社長自身が親孝行をしてきたものの、数年前にご親戚の結婚式の宴席で楽しそうに一緒に食事をしていた父親が突然喉を詰まらせ亡くなった経験から、どんなに親孝行をしていても足りないと感じたことがきっかけとなっています。有賀社長が常に、社員だけでなく、社員の家族も同じように大切にしていきたいという気持ちと、お世話になった人への感謝ができる人間になってもらいたいとの想いから導入された制度です。

●今後の共同の展望

有賀社長自らの経験から、社員を大切にすることやこうあってほしいという思いで続けてこられた「ＣＳより先ずはＥＳ」の経営も、その目的であるお客様への感謝へつながっています。「今後も基本方針は変わらず、さらに高齢者や障がいをお持ちの方に仕事を提供していけるよう、社内整備と社会貢献にも力を注ぎたい」と有賀社長は語ってくれました。

企業データ

社名：株式会社共同　代表者：有賀公哉　所在地：静岡県浜松市東区子安町３１５−13
主事業：総合ビルマネジメント・マンション管理・警備業　創業年：１９７８年
社員数：４０８名（男性：75名、女性：３３３名）　最年長社員84歳・最年少社員19歳

10 患者様の生活動線上にある医療サービスを提供する薬局

株式会社くすりのマルト（ドラッグストア事業、調剤薬局事業等／福島県いわき市）

●会社の概要・特長

福島県いわき市にくすりのマルト本社があります。１９８３年の創業以来、ドラッグストア、調剤薬局、リハビリ事業、宅配水事業等を手がけ、２０２２年現在、調剤薬局24店舗、ドラッグストア32店舗に及びます。

いわき市の人口は約35万人、医薬品小売市場の推定規模が１００億円弱と言われるいわき市で70億円の売上を持つ企業ですから、多くのいわき市民の健康を支えている会社です。

くすりのマルトは、１９６４年に設立したスーパー株式会社マルトのグループの一員。スーパー、医療モールを持ち、マルトメディカルタウンとして患者の利便性と共に住民の日常的な生活圏内における安心・便利な地域に根ざした医療の提供に寄与しています。

地域からの絶大な信頼を持つくすりのマルトは、２０１１年3月11日に起きた東日本大震災でも大きな役割を果たしました。震災直後の福島第一原発の影響で、いわき市にあった１５０店舗のコンビニもスーパーマーケットやドラッグストアもほぼ閉店してしまったそうです。その中、3月15日以降の数日間は、スーパーマーケットはマルトの4店、ドラッグストアではくすりのマルトの4店、調剤薬局では一部の個人薬局とくすりのマルトの3店だけがいわき市で営業するすべての小売店舗になってしまいました。

ほとんどの医療機関も休業し、いわき市は、「医療の空白地帯」となりました。そのような状況において、いわき市で調剤薬を受け取れる薬局はマルトの調剤薬局の3店舗だけとなります。そのため、通常は1店舗1日当たり約１００～１５０人の患者数だったのが、毎日１０００～２０００人の患者がマルトの調剤薬局に殺到するようになりました。

これにより、マルトの薬剤師は朝の7時から夜の12時過ぎまで薬を調合し続けたそうです。

彼らがこれらの激務に耐えられたのは、「いわきの医療はわれわれが守るのだ」という崇高な使命感以外の何ものでもありませんでした。

●法定外福利厚生に関する基本的姿勢・運用

同社の企業理念は「商売とは、お客様を幸せにすること、経営とは、社員を幸せにすること」です。ですから社員を幸せにするための法定外福利厚生は、この企業理念を忠実に守り、かなり充実したものになっています。

どのような法定外福利厚生を採用するかの決め方も、社員の意見に耳を傾けたものになっています。具体的には、エリアマネージャーが各店舗の要望をまとめ、毎月第4月曜日に報告をします。それらを社長及び本部の管理職で検討して決めていく方法を採っています。法定外福利厚生の年間予算は約５００万です。

●代表的・ユニークな法定外福利厚生制度

同社が現在実施している法定外福利厚生制度の中で、代表的、あるいはユニークな制度を２つ紹介します。目標達成した人には社員・アルバイト関係なく表彰をしています。特にチームで表彰された時は、チームに1枚表彰状ではなく、各個人に1枚ずつ、それも額に入れた表彰状を贈るようにしています。パートの主婦がそれを持ち帰ると、家族に「ママってすごいね！」と褒められるそうです。するとパートの方も、これからもっと頑張ろう！と働くモチベーションがアップするとか。

また、優秀者には6泊8日のアメリカ視察を設けています。毎年5~10名ほどで出かけます。視察の中には、ワシントン州立大学の1日聴講生も含まれています。薬剤師さんは勉強熱心な人が多く、とても好評だそうです。

●今後のくすりのマルトの展望

日頃の生活動線上において充実した医療サービスを図るマルトメディカルタウンを一層充実化し、いわき市民をはじめ地域社会の人々の暮らしに貢献していきたいと考えています。

企業データ

社名：株式会社くすりのマルト　代表取締役：安島力
所在地：いわき市勿来町窪田十条3-1　主事業：ドラッグストア・調剤薬局事業　創業年：1983年
社員数：350名（男性：140名、女性：210名）　最年長社員70歳・最年少社員18歳

11 社員1人ひとりの幸せを実現する福利厚生

株式会社グッディーホーム（住宅リフォーム業／東京都武蔵野市）

●会社の概要・特長

グッディーホームは東京都武蔵野市、三鷹市、杉並区に拠点を持つ住宅リフォーム会社です。地域密着の営業スタイルを貫き、ご縁をいただいたお客様とは一生涯のおつきあいを続けることをモットーに、リピート率80％を超える高い信頼を得ています。

グッディーホームのお客様である高齢の方が道路で転倒した時、近所の人が救急車を呼ぼうとしたら、その方が「グッディーさんを呼んで！」と言ったという逸話や、小さな子がベランダの柵に何かの拍子で頭を挟んで抜けなくなった時、お母さんが消防車か救急車を呼ぼうとしたら、その子が「グッディーさん、グッディーさん」と助けを求め、近所の方がグッディーホームの社員を呼び、社員が駆け付けることで子供も落ち着き、無事に頭を抜くことができたといった、リフォームを超えたお客様との信頼関係を築いていることがわかるエピソードが多数あります。

このようにお客様との関係が築けるのは、お客様に対応してくれる社員がいるからこそお客様へサービスが提供できる、つまりお客様より先に社員が大切であり、会社が社員を大切にするからこそ、社員もお客様を大切にしてくれると卯月社長は言います。このような同社の考え方は、「社員第一主義」として、社員1人ひとりを大切にする大家族的な経営に表れています。

●法定外福利厚生に関する基本的姿勢・運用

2004年に創業した同社は、業績の拡大と共に次第に社員も増加し、2014年からは新卒採用も開始しました。もともと若い社員が多く、社員の平均年齢も低かったので結婚、子育てを意識する状況ではありませんでした。その後、社員の中から社内結婚の夫婦が誕生し、子供も誕生することで、子育てをしながら働きやすい環境を構築する取り組みを始めることとなりました。

同社では、産休・育休から復帰する社員に1人ひとりの状況に応じて働くことができるよう、出勤曜日や勤務時間を決定しています。制度を一方的に作るのではなく、子供を育てながら働く社員各々の家庭環境と会社でやってもらえることを調整しながら勤務形態を決定するような柔軟な対応を行っています。

また、同社では子供の行事を最優先しており、各自の行事の予定を社内で共有し休暇を取れるようにしています。この取り組みは、卯月社長の社員を大切にする理念と共に、助け合い精神、お互い様精神を社内に醸成しています。

子育てをしながら働く社員は、保育所の送迎時間に合わせた時短勤務や子供の体調不良で急に早退・休みを取ることもありますが、そんな時には周囲の社員から「早く迎えに行きなよ」「大丈夫だった?」と声をかけてもらえるなど、休みを取る社員の気持ちの負担も少ない、お互いが気づかい合う温かい企業風土となっています。

法定外福利厚生についても明確に規定した制度はありません。社員1人ひとりに必要な働き方やサポートの仕方を相談しながら作り上げています。また、周りの社員もお互いの環境を理解し、助け合うことで働く環境を作り上げています。卯月社長は、「社員は家族と一緒であり、自分の子供にしてあげることと同じように実行しています」と言います。

●代表的・ユニークな法定外福利厚生制度

社員と同様に、職人や関係する取引先も「社外社員」として大切にしています。

同社には目標達成の翌月には社員に1万円を支給し、社外社員である職人さん・メーカーさん・宅急便の方などに1000円を支給しています。ある日、支給した宅急便の方から感謝のお礼と共にお土産をいただいたことがあります。

また、この制度が理由ではありませんが、社員の子供からお土産やプレゼントをいただくこともあります。同社が社員とその家族を大切にしていることがわかるエピソードです。

●今後のグッディーホームの展望

若い社員や子育て世代も多く、それに合わせて社員1人ひとりのライフステージや環境の変化で必要となる働き方に合わせた柔軟な対応や、家族への支援を行うような施策・制度を整え、「社員第一主義」を追求しています。

企業データ

社名：株式会社グッディーホーム　代表者：卯月靖也
所在地：東京都武蔵野市西久保3－8－1　主事業：住宅リフォーム業　創業年：2004年
社員数：46名　最年長社員75歳・最年少社員22歳

12

社員が能力を最大限に発揮する「価値創生企業」

クリロン化成株式会社（複合フィルムメーカー／大阪府大阪市）

●会社の概要・特長

大阪市の北東部にクリロン化成という複合フィルムのメーカーがあります。独自の共押出技術を基盤とし、食品の真空包装などに使用する積層プラスチックフィルムを製造しています。

「ユーザーの声をフィルムに表現する」ことをモットーに、多様なニーズに応えようと、主要な製造設備はすべて自社設計・開発し、新しい製品を生み出し続けています。

経営において栗原清一社長が大切にしているのは、社員が自律的にチームで働き、成長していくことです。社員の成長が会社の成長であり、社員の能力を引き出して会社への貢献に繋げることが重要である、その成長を促すマネジメントの施策として、「昇格チャレンジ制度」「社内資格制度」「職責者の適格審査制度」「職制会議」等を設けています。これらの制度の活用に男女の壁はありません。協働を大事にし、社員が力を合わせ知恵と工夫を凝らして、新たな価値を生み出していく、そんな「価値創生企業」を同社は目指しています。

さらにユニークなのが、業務の「斜め割体制」です。社歴に関係なく意見を出してもらうため、業務は縦割りではなく複数のメンバー、チームで分担して進める方法をとっています。職務遂行の効率性とメンバーの成長の両立を考え、メンバー同士の交流が活発化し、協働する力が発揮されやすいチーム体制を確立しているのです。

社員を大切にする＝新たな価値を生み出す力を社員が身に付けるようにするとの考え方を社内に浸透させた結果、業績は右肩上がりとなりました。約10年前と比較して倍以上の売上を記録し、さらに伸び続けています。

●法定外福利厚生に関する基本的姿勢・運用

同社の経営課題は、社員の能力向上を図り、企業に長期的に定着して貢献してもらうことです。福利厚生については、社員のニーズ、当人の能力、貢献の実績、将来の貢献の可能性を考え、1人ひとりに寄り添って広く対応できる制度を確立してきました。

例えば、女性活躍を推進するための産休・育休制度拡充です。「短時間勤務」「時間単位の有給取得」「在宅勤務」「早期復帰による会社支援」など、安心して働ける環境を提供しています。また、あるパート社員から、手取りが減少する「年収130万円の壁」のため、仕事をセーブしたいという要望がありました。これを解決するため、手取りの減額分を補助する制度を始めました。結果、その社員は継続して働き、後輩指導も担ってくれるなど、会社として欠かせない人材になっています。

このような制度の出発点は、個別事情への対応からスタートしています。社員から何かの声が上がった時に「前例がない」「制度がない」と突き放すのではなく、ともに具体的な解決策を考える、これを積み重ねて、同社の福利厚生は形作られてきたのです。

●代表的・ユニークな法定外福利厚生制度

企業と社員が共に成長していくためには、社外に開かれた質の高い交流が欠かせない、との思いから、社外交流窓口を設けました。芸術と物づくりは、分野は全く異なりますが、創造の営みは共通した感性や姿勢があります。「心が豊かであるために……」という言葉をメインテーマとし、その活動は、単に企業経営や人材育成に関するノウハウを共有するといったものではなく、集う方々の心と触れ合いを大切に「活動を通じて縁した人同士のつながりを大きな輪に発展させていきたい」との願いを込めて行われています。具体的な活動内容としては、以下のものがあります。

1　社外交流活動拠点の運営

①　「画空間」企業と芸術
活動例……当社製品のパッケージデザイン、絵画教室、展覧会、グッズ制作等アーティスト蔡國華氏とのコラボレーション。

②　「Ｍｙ空間」子供と未来
活動例……バレエ教室、書道教室、「漢字の絵本」出版など、地域の子供やお母さんたちに親しんでいただき、新しいネットワークを育てていく場。

③　「クリロンワークショップ伊久美」暮らしと伝統
活動例……レンタルキッチンや手仕事工房、アート作品の展示や音楽イベントなど。8月に子供絵画コンクールを実施。

2　「ヒューマン・フロンティア・フォーラム」
各分野でフロンティアに立つ人たちの交流合宿。参加者はＮＰＯリーダー、経済、経営、心理、教育、医学などの専門家。

3　「人材経営の会」
個性的な人材マネジメントを進めている企業の集まり。「人材経営」に関わる様々な活動を行う場として２０１０年9月に発足。

4　「クリロンワークショップだより」の発行
年3～4回、クリロンワークショップやクリロン化成の活動について社外に向けての情報発信。

上記の取り組みの中で、クリロンワークショップ（ＫＷＳ）では毎年4月、入学祝いのプレゼントとして、就学前のお子さんがいる社員にＫＷＳが制作した書籍やグッズをプレゼントしています。プレゼントされた社員のお子さんにも好評で、可愛い絵本に「親子ともどもほっこりしています」との声が寄せられています。今年から小学生から高校生まで対象を広げ、小学生には唱えて楽しむ漢字の絵本、中高生にはアートクリアファイル2点などをプレゼントしています。新生活の応援と学校生活に役立ててほしいという想いで贈っています。

●今後のクリロン化成の展望

社員が安心して長く働き続け、１人ひとりが能力を最大限に発揮できるよう、社員と会社双方にとってプラスになる制度や環境の整備を今後も行っていきたい、そんな社長の想いを受けて、クリロン化成は成長を続けていきます。

企業データ

社名：クリロン化成株式会社　代表者：栗原清一
所在地：大阪府大阪市東淀川区南江口１－３－20
主事業：共押出し多層フィルムの製造・販売
創立：１９６０年
社員数：２３０名　最年長社員78歳・最年少社員18歳

13 技術に心を込めて～日本一社会に役立つ企業になる

株式会社幸和義肢研究所（福祉機器の製造・販売／茨城県つくば市）

●会社の概要・特長

茨城県つくば市に幸和義肢研究所はあります。創業は１９８３年。主な事業は、義肢・装具、車椅子をはじめとした福祉機器の製造販売です。病院で使用するメスやハサミなどの医療器具を製造していた前身の横張医療機器の時代から数えると創業100年の歴史ある会社です。「義肢装具を作るということは、その人の身体を作ること」の理念のもと、高齢者・障がい者の生活の質の向上のために1人ひとりオーダーメイドで製作しています。顧客は体に障がいを持った方で遠方まで出向くことが難しいため、必然的に地域密着型の業態です。

同社ではモノ作りのハード面だけでなく、ソフト面でも大きな貢献をしています。四肢に障がいのある方が就労先を探すのは簡単ではありません。そこで同社の敷地内に障がい者の就労支援を目的とした施設を開設しています。

同施設ではPC業務を中心とした印刷事業・オリジナル刺繍ワッペン作成事業、義肢・装具のパーツ作り、一般企業等からの軽作業アウトソーシング請負などを行っています。また、広い敷地内に屋外コースを整備し、車椅子の練習・試乗、モビリティーロボットの試乗なども行っています。実際にこの施設で就労支援を受けた方が同社に入社した実績もあり、2022年現在では社員数79名のうち、障がい者雇用率は11・8%となっており非常に高い水準です。なお、同社の中期計画では15%達成を目指しています。

メーカーとしてのアフターケアにも努めています。義肢装具は医師の指示のもと、個人に合わせてオーダーメイドで製作されますが、時に製作時のデータがわからず修理・調整・作り替えができない「装具難民」が出てきてしまうケースがあります。こうした問題を解決すべく、製作履歴にアクセスできるＱＲコードを発行し、生産後もフォローできる仕組みを構築しています。また生産面においては、これまで１００％手作業であった装具生産にＣＡＤ・ＣＡＭシステムを導入し、生産性の向上にも努めています。

●法定外福利厚生に関する基本的姿勢・運用

同社の経営理念は「私たちは仲間のため、大切な人を守るために汗をかき、日々進化し続け事業を通して社会に貢献します。私たちはものづくりの先にある事業を創出しかかわるすべての人を幸せにします」です。装具は身に着ける人の体型の変化に合わせて常に調整が必要になるものです。装具を製作した企業・人が「持続可能」でないようでは、顧客にとっても不利益となります。そのため同社では、社員が安心して健康で長く働き続けられる環境づくりに重点を置いた法定外福利厚生制度を運用しています。

●代表的・ユニークな法定外福利厚生制度

①　遠隔医療アプリ制度

24時間・３６５日スマホで医師に相談できる遠隔医療アプリを社員全員に導入しています。社員に健康不安があった時、このアプリを通じて病院に行かなくてもいつでも医師に相談ができるようになっています。社員だけでなくその家族も使用可能で、特に小さな子供を持つ社員にとっては子供の急な発熱などの際に気軽に医師に相談でき、家族全員の健康を守るツールとして重宝しています。また、日々の健康観察・記録ができる機能も持っており、社員の健康管理にも役立っています。

②　養老保険の補助

社員全員が加入している養老保険があり、会社が全額負担しています。退職金の積み立てのほか、死亡保証および三大疾病保証が付いています。社員に万一何かあった時、残された社員の家族に少しでも役立ちたいとの思いで始めた制度で、15年ほど前から続いています。この制度が働く社員の心理的安心につながっていることは言うまでもなく、同社の離職率はわずか1・3%です。同社では退職金は必ず支払うということと、万一の際に遺族が困らないように、社員だけでなくその家族をサポートする仕組みが整っており、社員が安心して働き続ける環境が整っています。

●今後の幸和義肢研究所の展望

同社の中長期計画のSDGsに沿った取り組みの中に「福利厚生を充実させ、業界ナンバーワンの給与を支給できる会社を目指します」とあります。これは内部に向けての横張社長の宣言でもあり、ますます「いい会社」として成長していくことが期待されます。

企業データ

社名：株式会社幸和義肢研究所　所在地：茨城県つくば市大白硲341－1
代表者：横張巧
創業年：1983年（前身の『横張医療機器』は1921年、『横張装具製作所』は1965年）
社員数：79名（男性：52名、女性：27名）
最年長社員64歳・最年少社員22歳

14 クリーンな会社への信念　不当要求をはね返す

コンケングループ（株式会社コンケン／建物解体工事業・藤クリーン株式会社／産業廃棄物処理業・株式会社藤ファーム／農業・株式会社コンケン不動産／不動産業／岡山県岡山市）

●会社の概要・特長

岡山県岡山市にあるコンケングループは、建物解体工事業を行う株式会社コンケン、産業廃棄物処理業を行う藤クリーン株式会社、農業法人の株式会社藤ファーム、不動産業の株式会社コンケン不動産の4社で事業をしています。創業は1968年、現会長の近藤義氏が近藤建材としてスタートしました。その後、1989年に藤クリーン株式会社を設立するなど、事業規模を拡大してきました。

同グループ最大の転機は、2007年に暴力追放宣言を出したことです。解体業を行う同社は、それまで当然のように考えていた反社会的勢力との関係を断ち切り、健全な経営を行い社会の信頼を得ることを、地域の同業者に先駆けて取り組みました。言葉にすれば簡単なことですが、実現するには、理由はわかりませんが突然、仕事が回ってこなくなるなどの事業への影響だけでなく、私生活にも大きな影響があったとのことです。それでも「クリーンな会社にする」という信念は崩されることなく今日に至っています。

また、同グループの大きな特徴の1つが地域貢献です。

地域防災・復旧の協力協定を岡山市と締結、災害時には事務所2階部分を住民に開放し、100人分の備蓄食料を3日分、簡易コンロ等はもちろん、本格的な救命ボートやライフジャケットまで、災害時に備え準備をしています。

地域清掃活動では、同社の強みを活かし、建設機械や車両を提供し、人力では困難である用水路の清掃協力は地域の方々に大変喜ばれています。

また同グループ農業法人藤ファームでは、農業を通じた地域とのつながりを目的として、シャインマスカット、菌床シイタケの栽培や直売所での販売、CO2の削減に効果のあるスーパーフード「モリンガ」の栽培を、地域の方々と行っています。

●法定外福利厚生に関する基本的姿勢・運用

同社の経営理念は「コンプライアンスの遵守を軸とし、高度で卓越した廃棄物処理で、美しい地域環境の保全と企業の持続的繁栄に貢献し、常に新たなるサービス提供に挑む『環境価値創造企業』として、社業の繁栄と社員の幸福を実現します」というものです。

この理念のもと、社員の幸福を実現するための施策の１つとして、トップダウンで、社員が勇退し70歳を超えても元気に旅行に出かけられる健康が維持できるような健康施策を取り入れています。

具体的には、解体・廃棄物処理など粉塵の多い業務による「肺」への影響を考慮し、健康診断時にレントゲンだけでなく会社負担で肺のＣＴ検査を実施し、大腸内視鏡検査も検診項目に追加するなど、病気の早期発見に努めています。

●代表的・ユニークな法定外福利厚生制度

同社には社員の健康に関する法定外福利厚生制度が多く導入されています。特徴的な制度として、健康診断の日が有給休暇となるだけでなく、健康診断の結果、再検査となった時も再検査有給休暇となり、再検査費用も会社負担としていることです。

また、社員の配偶者が無職の場合、配偶者の健康診断も会社負担で受診できます。これは社員が退職後も、元気でいることはもちろんのこと、配偶者の方も元気で、２人で旅行に行ってもらえるようにと考えられた制度です。

社員の健康に関する制度の1つでユニークなものは「禁煙手当制度」です。肺に関する健康診断を充実させても喫煙による健康被害は防ぐことができません。禁煙することで手当を支給し、少しでも健康を維持してもらいたいという同社の姿勢を表した制度です。

●今後のコンケングループの展望

2007年の暴力追放宣言から10年後、地元新聞の記事「クリーンな会社へ信念～不当要求はね返す」が転機となり、宣言後、落ち込んだ売上が徐々に回復したと、現社長の小橋氏は言います。また小橋社長は、「いろいろな影響のある中で、記事にした地元紙もすごいです」と言います。コンケングループのコンプライアンス重視の姿勢が、同社だけでなく周辺にも伝播し、地元の風土となってきています。

同社が暴力追放宣言を出した理由の1つに「反社会的勢力とつながることで、社員に『嫌な思い』をさせたくない。社員が仕事に誇りを持ち、一生懸命働ける環境にするには関係を断ち切るしかない」と、同社の近藤会長は言います。宣言から15年、その姿勢は認知され、社員が働きやすい職場環境が醸成されています。宣言直後は、身の危険を感じることもあったと近藤会長は言われていますが、それでも社員のため、まさに命をかけた職場環境づくり、これもまた福利厚生の1つと感じます。

同社は今後の方向性を「ＳＤＧｓ活動を推進し『環境価値創造企業』として、地域になくてはならない企業を目指す」と表現しています。クリーンな会社でクリーンな社会をつくるコンケングループの今後が注目されます。

企業データ

社名：コンケングループ（株式会社コンケン・藤クリーン株式会社・株式会社藤ファーム・株式会社コンケン不動産）
株式会社コンケン　代表取締役社長　小橋諭吉
所在地：岡山県岡山市南区浦安本町１３３－２　主事業：解体工事業　創業年：１９６８年
社員数（パート含む）：55名（男性：50名、女性：５名）　最年長社員77歳・最年少社員18歳

15

「五方良し」のぶれない経営

株式会社さくら住宅（リフォーム業／神奈川県横浜市）

●会社の概要・特長

神奈川県に5店舗の支店があり水道の蛇口の取り換えなどの小工事から請け負い、地域に密着した経営を行う、さくら住宅というリフォーム会社があります。

「お客様株主制度」や「さくらラウンジ」の運営など、様々な特色のある取り組みや24期連続黒字経営、小さな工事でもきめ細かく対応する姿勢等が評価され、経済産業省２０１４年度「先進的なリフォーム事業者表彰」に選定。第５回「日本でいちばん大切にしたい会社大賞」審査委員会特別賞を受賞。またテレビ東京の日経スペシャル「カンブリア宮殿」で紹介され、多くの方が同社の取り組みに注目しています。

●法定外福利厚生に関する基本的姿勢・運用

同社が大切にしていることとして、創業者である二宮生憲氏が提言している「五方良し」の経営があります。

①社員とその家族、②仕入れ先・協力業者、③顧客、④地域住民、⑤株主・出資者、この５人が幸福になる経営を目指しています。

法定外福利厚生も、この「五方良し」の経営を軸に構成されています。その１つに新型コロナウイルスが広がり、いろいろな規制があるなかで、リフォーム業も予定通りの工事やイベントを行うことができず、売上が大幅に減少した時期がありました。そうなると同社の協力業者さんも仕事も減り収入が減ってしまいました。そんな時、すべての協力業者さんにお見舞金として金一封を配りました。それは協力業者も社員と同等に接するという強い表れで、そこでお互い協力して共存していくという深い絆が一層深まりました。

「五方良し」のぶれない経営が同社の安定した経営につながっています。

●代表的・ユニークな法定外福利厚生制度

同社では「社員はもちろん社員のその家族も大切にする」という強い思いがあります。法定外福利制度にもその思いが随所に見受けられます。その1つが「子供の習い事・塾代補助制度」です。子供1人につき、3歳から高校3年まで最大月5000円（例：子供3人＝月1万5000円）を支給しています。「子供が好きな習い事を始める時の良い後押しになり、とても助かっている」と社員の奥様も喜んでいます。

また、子供の入学・入園のお祝い金も手厚く、特に興味深いのは出産祝い金です。第1子15万円、第2子30万円、第3子100万円と少子化対策を自社で行っています。

その他にも、最近の物価高から「物価高騰特別手当」として、2022年～2023年3月まで毎月1万円を支給しています。これも経営者が本気で社員の幸せを考えることから出てきた福利厚生です。

●今後のさくら住宅の展望

同社は「五方良し」の経営は継続して行い、地域に愛されるリフォーム会社にしていく考えです。また、「女性・男性・障がい者などの枠を超えて、それぞれが活躍できるステージを提供してみんなが生き生きと活動できるようにしていきたい」と小林社長は言います。

障がいを持っているマッサージ師に来てもらい、社員や地域のみなさんに施術を提供したり、今ある本社を大きくして、社員食堂を設けて社員の健康を考えたり、さらには「さくらラウンジ」を大きくして、地域のみなさんに提供できるスペースを充実したりと、「五方良し」の経営を軸とした活動をさらに充実したいと小林社長は考えています。

その他に同社創業者の二宮氏が発足した「一般社団法人全国リフォーム合同会議」があります。こちらは「リフォーム業者についての偏見」を払拭し、安心・安全・信頼できるリフォーム会社として消費者に認知される会社を全国に広げるという思いで行われています。

会議は経営者と社員に分かれ、各社の経営状況などを持ち寄り意見を交換します。社員会議では1つのテーマについて、会社の垣根を越えてグループごとに討論します。会議は、同業他社と意見を交わすことができる貴重な機会となっており、他社の考え方・理念などを知ることで成長するきっかけを得ることができる貴重な場となっています。

この会を全国に広め、少しでも多くの企業が参加し、安心・安全・信頼できるリフォーム会社が増えることが狙いです。今後も、同社の経営理念「リフォームを通じて社会のお役に立つ会社になる」を全国の同業者と共有していく考えです。

企業データ

社名：株式会社さくら住宅　代表者：小林久祉
所在地：神奈川県横浜市栄区桂台西２－４－３
主事業：住宅リフォーム工事・増改築・建築工事・建築企画設計
創業年：１９９７年　最年長社員80歳・最年少社員23歳

16 活躍しつづける人づくりと多様性のある組織づくり

サツドラホールディングス株式会社（ドラッグストア、調剤薬局運営、地域マーケティング事業、教育関連事業、他／北海道札幌市）

●会社の概要・特長

サッポロドラッグストアーは１９７２年、医薬品等の販売を目的として、札幌市西区（現手稲区）に創業しました。「健康で明るい社会の実現に貢献する」という経営理念のもと、スーパーマーケットの一角にわずか15坪の小さな薬店としてスタートしました。

店舗は「サツドラ」の愛称で北海道民に親しまれ、総店舗数２０１店舗※（ドラッグストア

189店舗、調剤薬局10店舗、その他2店舗）を運営しています。

2004年にジャスダック証券取引所に株式を上場しました。2016年には純粋持株会社であるサツドラホールディングス株式会社を設立しています。現在の社員数※は2583人（うちパート社員およびアルバイト1516人）です。直近の売上高※は829億円です。

事業の特長は、主に北海道内でドラッグストアや調剤薬局を約200店舗展開している他、北海道共通ポイントカード「EZOCA」を運営するなどのマーケティング事業や、プログラミング教育事業などを展開。「地域をつなぎ、日本を未来へ。」をコンセプトに店舗や地域の資産を活かして新たな課題解決型ビジネスの創造を目指しています。

経営における特長は「モノを売る」だけの小売業から「地域に関わるあらゆるヒト、モノ、コトをつなぎ、未来を豊かにする地域コネクティッドビジネス」へ進化させることと、「健康経営宣言」のもと、社員とその家族の幸せと健康、そして社員がいきいきと働き続けられるための働く環境を整備していることです。具体的には会社での喫煙率の低減や定期健康診断の受診率100％を目指しています。

●法定外福利厚生に関する基本的姿勢・運用

同社のミッションである「健康で明るい社会の実現に貢献する」を自分たちで体現しようという考え方のもと、多様性のある組織づくり（ダイバーシティ＆インクルージョン）を目指しています。

特にその中でも女性の活躍に注目し、女性が活躍できる制度設計がされています。女性の産休・育休取得率は100％のみならず、男性の育休取得率向上を後押ししています（2022年5月期の1年間においては取得率39・9％）。

ヘルスリテラシー向上のため、社員には動画コンテンツが視聴できる仕組みがあり、貧血・ストレスの他にPMS月経前症候群や更年期などの動画も用意されています。

女性の役職者を増やすための目標を定め、現在※、全体の5・6％ですが、2024年5月期末までに全体の20％を目指しています。

●代表的・ユニークな法定外福利厚生制度

メンター制度を導入し、従業員の心理的安全性の確保、メンター自身の相談対応力の向上、社員定着率の促進の3つの目的を軸に人材育成を重視した企業風土づくりを目指しています。

また、LGBTQに対する理解促進として、店長会議でのLGBTQセミナーの開催や、同性パートナーを承認し、慶弔休暇と慶弔金の支払い対象とするパートナー制度を実施しています。

●今後充実したい法定外福利厚生制度

同社は、「活躍しつづける人材育成」や「多様性のある組織づくり」を目指す中で、女性がさらに活躍できる場づくりとしての働き方支援のための制度を整えていきます。

※いずれも2022年5月15日現在です。

企業データ

社名：サツドラホールディングス株式会社
所在地：札幌市東区北八条東四丁目一番二十号
主事業：ドラッグストア、調剤薬局運営、地域マーケティング事業、教育関連事業、他
創業年：1972年
社員数：2583人（うちパート社員およびアルバイト1516人）2022年5月15日現在

17 楽しみ方改革で世界最速工場を目指す　心も弾む会社づくり

沢根スプリング株式会社（各種ばね及び関連製品の製造販売、カテーテル内視鏡用コイルの製造販売／静岡県浜松市）

●会社の概要・特長

沢根スプリング株式会社は、創業1966年、現会長の父親が創業しました。創業以来、モノづくりの前に研究開発を重視し、社内では働き方改革ではなく「楽しみ方改革」という呼称

で常に人を大切にした堅実な会社創りに取り組んできました。輸送機器や電気機器、機械設備、製造販売を経て近年は、医療機器や健康福祉、航空宇宙など、あらゆる分野で使用される「ばね」の専門企業に成長しています。

2代目社長の時代に、主要取引先からの突然の契約解除や、大手メーカーからの依頼に応えようと試作を繰り返し、量産体制を整えたにもかかわらず、他社との金額比較だけで契約を打ち切られるなど、苦渋の出来事を経験したことが成長への糧となりました。以来、下請け体質からの脱却や安易な価格競争に巻き込まれることがないよう非効率なことにも目を向け、寄り道のプロセスも企業力熟成への大事な期間と捉え、社員の成長をサポートし多様性を生み出しながら、経営計画書に沿った着実な成長を続けてきました。

現在は3代目の社長となり、ＢｔｏＢだけでなくＢｔｏＣの商品にもトライし、社員のアイディアから生まれた商品も多数、販売しています。社員数は54名、うち正社員は42名、定年は原則65歳ですが嘱託職として在職される方も多くいます。

同社の特徴は、適正品質の製品を安定かつスピーディに生産供給することを常に心がけ、「世界最速工場」を目指したミッションに取り組み、小ロットの依頼にも対応できるよう努めています。また、近年では先端産業と言われる超微細加工技術を駆使した医療機器部品の加工も積極的に行っています。時代ごと進化する会社の成長と技術を支える社員とのチームワークを大切にし、仕事へのチャレンジ精神や熱意に応える良好な社風は、離職率も低く、有給取得率は90%、月の平均残業時間は3時間といった数字にも表れています。

●法定外福利厚生に関する基本姿勢・運用

同社は、企業の永続と会社を取り巻くすべての人を幸せにするため、腹八分目経営を意識することで決して無理をしない持続的経営を追求し、働きやすさと働き甲斐に拘った企業づくりを実践しています。オイルショックやバブル崩壊、リーマンショック、直近のコロナウイルスなど順調な経営を揺るがす事象を経験する度に、社員を大切にする経営に注力してきました。同社のありたい姿の価値としている「小さくても輝きながら永続すること。企業の拡大よりも自然体でバランスよく。毎年少しずつ成長するのが望ましい」とする現会長の考えに基づいてのものと推察され、現在、運用されている法定外福利厚生の拡充は真に社員だけではなく「会社を取り巻くすべての人へ」の幸せをも追求しているものであると言えます。

●代表的・ユニークな法定外福利厚生制度

同社が現在実施している法定外福利厚生制度の中で代表的、あるいはユニークな制度を2つ紹介します。

① 社員の誕生日のお祝い

この制度を導入している会社は多いですが、沢根スプリング株式会社では、3種類のケーキから自分で選び、自身が所属するグループで就業の時間内でお祝いをするというものです。その際には写真を撮り、皆が閲覧できるようアルバムを作っています。このアルバムを見返す方も多く、その時代ごとを懐かしく振り返ることもでき、離職防止の一助ともなっています。また、同社では配偶者にもプレゼントをしていることも、ファミリー経営の実践の表れであると感じます。

②　社員文集の発行

37年間続けている取り組みとして社員文集の発行があります。これは社員や関連企業の方も含め、自分の人生や考えていることを、紙に書いて発表し、それを綴じて文集を作っています。家族のような関係性を創り、お互いを信頼する文化を構築することで、生産性や創造性の向上にもつながっており、会社が楽しいと思える機会を創出しています。健全な財務体質、業績を重ねてきた同社が実践する多岐にわたる福利厚生の中で、金銭的なものだけでなく、働く環境を整える取り組みも重要な福利厚生であると言えるものです。

●今後の沢根スプリングの展望

今後はさらなる地域貢献にも力を入れていこうと、託児所を併設した社員食堂を計画しています。同社では毎年年2回、2か月間1日1万歩を歩く目標を設定するなど社員の健康にも配慮していますが、この社員食堂でも健康食を提供できるよう計画しています。また、社員の利用だけを考えてはおらす、子供食堂としてや、地域の高齢者の方々にも利用可能とするなど地域自治会へ開放し、皆が集う場所となるよう計画しているそうです。経営理念の中にある「皆の人生にも配慮できる人の集団にする」「会社を取り巻く全ての人々から良い会社と言われる会社を目指す」といった部分を地域貢献とも重ね合わせた取り組みであり、これまで以上に、さらに皆が楽しめる企業文化を重ねている素晴らしい企業です。

企業データ
社名：沢根スプリング株式会社　代表者：沢根巨樹　所在地：静岡県浜松市南区小沢渡町1356　主事業：各種ばね及び関連製品の製造販売、カテーテル内視鏡用コイルの製造販売　創業年：1966年　社員数：54名（男性41名、女性13名）　最年少社員：18歳　最年長社員：68歳

18 みんなで「健康な体ときれいな水を守る。」

シャボン玉石けん株式会社（無添加石けん製造販売／福岡県北九州市）

●会社の概要・特長

シャボン玉石けん株式会社は、「健康な体ときれいな水を守る。」という企業理念のもと、人

にも自然にもやさしい無添加石けんの製造・販売を行っています。

同社の源流は１９１０年に創業した「森田範次郎商店」ですが、2代目の森田光徳氏が社長を務められていた１９６０年代は合成洗剤を製造・販売し、売上・利益を伸ばしていました。無添加石けんの製造を始めたのは１９７４年です。きっかけは、１９７1年に依頼を受けて試作した無添加石けんです。試作品を森田光徳氏がご自身の洗濯や体洗いに試したところ、長年悩まされてきた原因不明の湿疹が消えたのです。同氏はこれを機にご自身でさらに合成洗剤について研究を深め、「体に悪いものと分かったものを売るわけにはいかない」という強い想いのもと、合成洗剤から無添加石けんの製造・販売への完全切り替えを決心しました。ところが当時は無添加石けんの認知度が低かったため、売上が激減し、１００名程度いた社員が5名にまで減る時期もあり、17年連続で赤字を出し続けました。１９９1年にご自身が書かれて世の中に大きく広まった『自然流「せっけん」読本』がきっかけで同社の無添加石けんが売れるようになり、漸く経営が安定しました。２０２2年の売上高は約89億円、２０２０年からのコロナ禍中はむしろ売上を伸ばしています。

同社は２０２1年9月から3か月間、福岡県宗像市の人口約１４０名の地島《じのしま》で、宗像市・地島住民全面協力のもと、合成洗剤に替えて無添加石けんを使う、という実証実験を行いました。その結果、下水処理場内の微生物が豊かになることや水中の有機物（汚れ）を低減させること、生態系に影響を与える可能性がある物質の排出量が減ることなどが分かりました。また、実験を通して環境問題に関心がある住民が増えたこともわかりました。

●法定外福利厚生に関する基本的姿勢・運用

現社長の森田隼人氏は、1976年生まれ。2007年3月に社長に就任しましたが同年9月には、先代の光徳氏が他界されました。森田社長は心のどこかで「いつでも先代に相談できる」という気持ちがあったようですが、それもできなくなり、「先代のように1人で引っ張っていく機関車方式ではなく、各部門を社員に任せるような組織体制を作り、みんなで会社を盛り立てていこう」と考えられたこと、そして同氏が入社してからも幹部社員が会社を辞めていくのを目の当たりにしてつらい思いをされたことが「社員を大切にする」、という強い想いの原点になっています。社員とそのご家族が「シャボン玉石けんで働いていてよかった」と誇りに思ってくれるような会社にしたい、といろいろ工夫を重ねています。例えば、森田社長は、月に1回社員とざっくばらんに交流する機会を設けており、全社員とコミュニケーションを取るようにしています。2022年には「虹色行動指針」というシャボン玉の社員としてあるべき姿を社内外に公表しましたが、その具体化については全社員に考えてもらっています。

そうした取り組みの結果、新入社員の方が社外の人から「いい会社に入りましたね」と言われ、社員がお子様から「お父さん会社やめないでね」と言われたというエピソードが森田社長の耳に入ってくるようになりました。

●代表的・ユニークな法定外福利厚生制度

５日連続リフレッシュ休暇をとることで、取得者が心も体もリフレッシュして仕事に打ち込めるだけでなく、他のメンバーがお互いに業務をフォローできる体制を日ごろからつくることができています。他、妻の出産時特別休暇制度により、夫が妻のサポートをしやすいようにしています。

社内に子育て応援サークルがあり、子育て中や育休中の社員、子供が好きな社員などが月に１回社内外に集まって楽しく過ごしています。

子育てに関して相談したり、子供同士が仲良く遊んだり、自由度も高く、育休中の社員と接する良い機会にもなっています。

●今後充実したい法定外福利厚生制度

育児・介護の制度についてはより働きやすいよう制度を改善しました。

ｅラーニングなど支援による自己啓発、リフレッシュルームなどの職場環境の整備を進める予定です。今後も社員一丸となっての人々の健康と地球環境を守るために持続可能な社会に貢献する同社の活動から目を離せません。

企業データ
社名：シャボン玉石けん株式会社
代表取締役社長　森田隼人
事業内容　無添加石けんの製造・販売
本社　福岡県北九州市若松区南二島2-23-1
従業員数153名（内　正社員　117名　パート・アルバイト　36名　男性67名、女性86名、2022年11月現在）

19

風を起こさない運転

株式会社新宮運送（一般貨物運送事業／兵庫県たつの市）

●会社の概要・特長

新宮運送は、1962年創業、兵庫県たつの市に本社を構え、一般貨物運送事業を主力に、物流倉庫・ミネラルウォーターの宅配事業・環境関連事業等を行っています。

2代目社長の木南一志さんは、人間力を高めるため日々成長するために『本氣になって、真剣に志を立てる』そんな場を社内で提供しています。またエコドライブ活動への細かな取り組みと成果が評価され、エコドライブコンテスト環境大臣賞、エコドライブコンクール最優秀賞、環境大臣より環境保全功労者表彰など数々の賞を受賞しています。

●法定外福利厚生に関する基本的姿勢・運用

同社の経営理念は「質を高めることを考える会社」「心のこもった仕事をする会社」「お客様に提案のできる会社」です。品質だけではなく人間や会社としての質を高めること。中でも一番大事にしているのは「心のこもった仕事をする」ことです。

木南さんは昔、売上主義・利益第一主義でした。経営面では順調ですが人事面での問題が多発。悩んでいた時、「掃除をすると会社がよくなる」と聞き、掃除を始めました。２年位続けましたがよくならず、その頃に木南さんは大病を患いました。入院中にイエローハット創業者である鍵山秀三郎さんからいただいた本の中の「益はなくとも意味がある」に衝撃を覚え経営スタンスが変化しました。

また鍵山さんからの学びにより、掃除を続けることで自分自身と本気で向き合うようになりました。掃除を始めて十年を超えたあたりから、本気で続けることが本物になり、本物は人を変えていく。と実感するようになってきました。

同社の目標は「風を起こさない運転」です。事故を起こすのは、自分優先で運転して風を起こすような粗い運転をするから。とことん技術を磨き心を高めれば、風は起きなくなります。それは単純にルールを守るということではなく、その人がどういう心構えで生きているか。自分を律するのは自分しかありません。

木南さんは人を育てるところに何よりも力を入れています。昨年の自分より少しだけできた。それが本来の目指す姿です。気づくきっかけをいかに与えられるか、いかに現実に対処し揺るがないものを作るか、小さなところからいかに続けていけるか、本物の人づくりを目指し、それが法定外福利厚生につながっています。

●代表的・ユニークな法定外福利厚生制度

同社が現在実施している法定外福利厚生の中でユニークな制度をご紹介します。

同社には数多くの表彰制度がありますが、その中でも驚いたのが、Ｓａｆｅｔｙ ｐｒｏ－Ｄｒｉｖｅｒ'ｓ Ｅｎｄｌｅｓｓ Ｃｈａｌｌｅｎｇｅ運動「Ｓ《エス》－ＤＥＣ《デック》運動」です。これは無事故・無違反・無トラブルを目指す取り組みで、最終達成日数は４０００日。つまり約11年間、プライベートも含め事故も違反も積荷のトラブルも一切起こさないというチャレンジをグループ会社全体で取り組んでいます。開始後すでに４０００日達成者45名、８０００日達成者２名を輩出。令和４年中に通算１００００日達成予定者も出ています。

これを達成するには、良い生活習慣、高い自己管理意識、そして穏やかな心が不可欠です。なぜ４０００日なのか。それは本当に自分のものになるには10年かかる。と本物を目指す木南さんは言います。

次に、「まんてん情報」です。日常の中の感謝の心を「まんてん情報カード」に記入してもらい社内に掲示します。その中から、まんてん情報月間ＭＶＰを決め、書いた人、書かれた人ともに表彰されます。書いた人も表彰されるのは、いろいろなところに目を配ってよく見つけてくれた、との想いからです。社員間の相互信頼、助け合いの風土が作られています。

また3年に1回、親孝行月間があります。これは社長個人より、一律一万円がグループ会社全社員に支給、1か月間で親孝行を行い実施報告書を提出してもらいます。親孝行について考えることにより、親・家族への感謝の念が深まり命の尊さを考えることができます。実施後には社長のもとに大量の感謝の手紙が届くそうです。また社内において提出されたものはすべて、この会社でその人が生きた証として大切に製本し、いつまでも残るようにしています。

●今後の新宮運送の展望

同社の今後目指すべき方向は「家」。定年もない、1つの家族。制度ではなく中小零細企業だからこそできる1つの家族を目指しています。

企業データ

社名：株式会社新宮運送
所在地：兵庫県たつの市新宮町大屋６６８－12
主事業：一般貨物自動車運送事業・第一種利用運送事業・産業廃棄物収集運搬事業・環境関連事業・その他産業物流に

関する一切の事業
創業年：1962年
社員数：92名（男性：87名、女性：5名）※グループ全体256名（男性：217名、女性：39名）
最年長社員：72歳・最年少社員：19歳

20 社員のために、清らかな経営を

株式会社新興ウオターマネージメント工業（浄化槽維持管理事業／千葉県東金市）

●会社の概要・特長

株式会社新興ウオターマネージメント工業は1969年に東京都大田区にて大規模汚水処理施設の維持管理を行う会社として創業しました。その後1974年に千葉県東金市に拠点を移し、東金市をはじめ山武郡市各市町村の浄化槽維持管理と、し尿汲取委託業を中心に発展をしました。

現在は浄化槽維持管理だけでなく、排水管の高圧洗浄処理やビルピット、産業廃棄物としての汚泥の処理など、千葉県全域の「水の環境」を守る業務を行っています。浄化槽維持管理事業は売上の40％を占めておりますが、お客様のほとんどは個人のため、最大の取引先への売上依存度は2％となっています。現在の社員数は38名、うち男性は32名、女性は6名です。

同社の特徴は、会社全体の情報共有とチームワークです。浄化槽清掃業、保守点検業は法で定められたサービスで、新たな商品開発はありません。だからこそ社員の資質の向上、接客サービスこそ最大の差別化と考え取り組んでいます。

情報共有については　ＣＴＩによる顧客情報の共有、朝のラインワークスの掲示板、車載器無線、デジタコによる車両位置情報、携帯、ｉＰａｄ、夕方の電話着信一覧、コラボフローによる日報、経営情報の公開などです。チームワークについては　ユニフォームとリネンサプライへのこだわりから生み出されるチーム力です。汚いユニフォーム、だらしないユニフォームでは戦えないと考えています。

数か月前、現場作業員を希望する女性が入社しました。この女性の前職の浄化槽維持管理に新興ウオターマネージメント工業の社員が来ていました。転職を考えた時、社会を守る大切な仕事をしたいと思い新興ウオターマネージメント工業の現場職を希望しました。

汚物処理の仕事が女性にできるわけがないと皆で反対しましたが、事務職ではなく現場で働きたいという思いを受けて採用し、現在は、汲取業務の補助として活躍してくれています。

社員のモチベーションを高める経営をしている結果、過去5年間の平均的売上高営業利益率は8％、転職的離職はありません。

●法定外福利厚生に関する基本的姿勢・運用

同社の経営理念は「社員が誇れる会社」です。この実現のために、社員と相談しながら福利厚生の制度設計をしてきました。基本的には、「社員が喜ぶこと」「社員の家族が喜ぶこと」「モチベーションが上がること」を行います。そして一度実行したら継続することを大切にしています。

●代表的・ユニークな法定外福利厚生制度

同社が現在実施している法定外福利厚生制度の中で、代表的、あるいは、ユニークな制度を2つ紹介します

① ユニフォームの支給・リネンサプライ

屎尿処理の仕事は汚物を扱います。その作業着を自宅の洗濯機で洗濯するのは家族にとって大きなストレスになります。そこで、1人当たり5着程度のユニフォームを支給し、夕方作業が終わったらリネンサプライへ出し、次の日は会社に来て綺麗になったユニフォームを着て仕事をすることができるようにしました。

会社のテーマカラーのオレンジをベースとしたデザインの清潔感あふれるユニフォームは地域にも定着しています。このユニフォームを着ている人なら安心というイメージが醸成され、会社への新規注文にもつながっています。

②　社長の社員に対する誠実さ

もう1つ特筆すべきは社長の誠実さです。社長が使用する車は、事務社員と兼用です。専用車は社長が自費で購入しました。しかし、社員が電気自動車を充電するための設備は、社員のためを思い会社で設置しています。もちろん充電代は無料です。

社長の給料まで含めて、すべてガラス張りの経営を行い、5％を超える経常利益は決算賞与として社員に均等配分し、社員が社長を心底信用できる関係性を構築しています。その上で年末には肉やおせちを贈るなどの細やかな心配りを行うことこそ、新興ウオターマネージメント工業の最大の特徴です。

●今後充実したい法定外福利厚生制度

有給休暇の取得率向上（推奨有休を3日作る）

企業データ

社名：株式会社新興ウオターマネージメント工業　代表者：石川勝
所在地：千葉県東金市家徳315－5
主事業：浄化槽維持管理、し尿汲取委託業　創業年1969年
社員数：38名（パートスタッフ0名）　男性32名　女性6名　最年少社員28歳　最年長社員65歳

21 幸せの原点を追い求めて常に走り続ける

社会福祉法人スマイリング・パーク（子育て支援事業、障がい者福祉事業、高齢者福祉事業／宮崎県都城市）

●法人の概要・特長

宮崎県都城市に日本全国から見学者の絶えない社会福祉法人があります。事業売上は約10年で約4億円から約20億円まで増加し、同じ期間に100人程度だった職員数は446人まで増加しました。事業数も数年で58事業にまで増加しました。急拡大とも言える状況ながら、2002年には25％だった退職率は、2022年は約5％まで下がり、業界平均を大きく下回るなど、職員の定着率向上も実現しています。

子育て支援事業（保育園）を創業とする同法人は、高齢者福祉事業（特別養護老人ホーム）に進出し、高齢者福祉事業では革命的な事業革新を遂げながら、さらなる事業展開を実現しています。

●法定外福利厚生に関する基本的姿勢・運用

同法人の経営理念は、「感動・感激・感謝」、①地域住民の皆様が「感動」するサービス提供を目指していること、②地域住民の皆様に「感激」していただけるサービス提供を目指していること、③今日の出会いに「感謝」し、多くの地域住民に支えていただいていることに「感謝」していること、です。地域住民には職員が含まれ、この後ご紹介する数々の制度は、職員の声をすくい上げる中で積み上げられたもののようです。

日々起こる出来事に対して、常に「誰のためであるのか？」、「自分がどう思われるかではなく、他者のために動かねばならない」と職員に問います。同法人で考える「幸せ」とはただ望めば与えられるものではありません。現場で働く職員1人ひとりが自身の幸せを実現するべく真剣に仕事に向き合っています。

他方、同法人は、利用者第一主義ではなく職員第一主義を掲げ、職員の声を制度化して法人運営に積極的に反映し、選択肢を多くすることを重視しています。常に見直しも行われ、運用の中で、多様な1人ひとりの職員によりマッチした内容に日々磨き上げられています。

●代表的・ユニークな法定外福利厚生制度

同法人の実施しているユニークな制度の1つに「みんなで支え合い休暇制度」があります。これは、特別休暇（有給休暇）として各職員に毎年1日付与されるものですが、職員は、重病を抱え仕事を休まざるを得ない職員に対して寄付することができます。

「みんなで支え合い」という意識が浸透しているエピソードがあります。同法人で運営している職員数約40人の認定こども園では、現在、産休・育休中の保育士が7人もいます。現場の先生からは、「お互い様の雰囲気があるのでお休みをいただきやすかった」との声が寄せられています。制度を充実させることも大切ですが、それを運用できる風土の醸成こそがより大切であると感じます。

さらに、同法人の特筆すべき点は、最新のロボット、ICT、IoTを積極的に導入していることです。同法人では、自動運転電動車椅子やIoTパーソナルモビリティ、配膳ロボット、利用者抱き起こし補助器具の導入、複数の介護支援ソフト導入により書類作成の廃止・介護情報の円滑な共有、スマートウォッチで職員のストレスレベルを見える化などを実施しています。介護現場で働く職員に肉体的、精神的負担があることは広く知られていることですが、同法人では、働く職員の負担軽減が積極的に行われ、働きやすい・働き甲斐のある職場の実現につながっています。

●今後充実したい法定外福利厚生制度

代表の山田さんは、「法人の職員たちがどうすれば幸せになれるか一貫して追求しています。スマイリング・パークのスタッフに補欠はいません。私ができることは、『働くスタッフの幸福度』を高め、『誇り』と『自信』を持って社会課題に挑む人財を生み出すことです」とおっしゃいます。常にスタッフ1人ひとりに目を配る経営者の姿勢が強く印象に残りました。

法人データ

社名：社会福祉法人スマイリング・パーク　代表者：山田一久
所在地：宮崎県都城市牟田町26街区16号（本部）　主事業：子育て支援事業、障がい者福祉事業、高齢者福祉事業
創業年：1970年5月　職員数：446名（男性：84名、女性：362名）最年長社員77歳・最年少社員18歳

22 世界基準の子供を育てる

学校法人SEiRYO学園（習志野台幼稚園・保育所／千葉県船橋市）

●会社の概要・特長

学校法人SEiRYO学園は、千葉県船橋市の習志野台幼稚園（本校）と習志野市や東京都大田区田園調布などに8つの認可保育所やバイリンガル英語教室・民間学童保育・送迎センター等を運営しています。園の方針として、子どもたちの夢見る「未来の絵」のようなところ、そして「未来の家」のような存在という思いで「3つのミライエ」といった特徴を掲げています。

3つのミライエとは？

①【イマージョン・イングリッシュ教育～あらゆる場面で英語を使う】
他言語を通して言葉と文化を知ることができるという考え方から、直接雇用の外国人スタッフと一緒に園生活を送ることで、探求を通して、より自然な英語を身につけ、英語を「習得」することを目的とはせず、英語を「ツール」として使いこなすことを目的としています。英会話のレッスンだけでなく、スポーツフェス（運動会）やフィールドトリップ（遠足）、ドラマフェス（お遊戯会）などの行事を共に行うことで、より外国人や英語に対し身近に感じることができます。

②【レッジョエミリア・アプローチ～アートを通して個性を育む】
アートを通して、子供たちそれぞれの意思や個性を尊重しつつ、「想像力」「表現力」「コミュニケーション能力」「思考力」「探究心」を養うことを目的としているイタリア発祥の学び「レッジョエミリア・アプローチ」に影響を受け、学園独自の方法で教師自ら探求しています。専任の職員「CPC（Children's Playtime Creator）」が五感を刺激する様々な素材や画材を使った室内でのワークや、屋外ワークでの自然との出会いを通して、「自らの意思で動き、考え、探求し、活動する時間」を設ける取り組みを行っています。

③【態度教育（しつけの学び）】
日本の素晴らしい「マナー」や「お・も・て・な・し」などの礼節を身につけています。日

本古来の礼節の文化を大切にし「あいさつ」「食育」「職員朝礼」など職員が率先して自ら学び実践しています。ご家庭の中でなかなか習得してくれないと思っている「しつけ」も幼稚園での集団活動に触れることにより「学び」の語源でもある「まねび」＝「模倣」を通して自ら学んでいます。

●法定外福利厚生に関する基本的姿勢・運用

業務への取り組みや法定外福利厚生について必要なものが何かを職員自身で考えてもらいます。いぬかい理事長が学んだ心理学やコーチング、ＮＬＰ（Neuro Linguistic Programmingの頭文字：神経言語プログラミングと訳される心理学の１つ）を取り入れた対話型研修を職員に対して実施します。経営者が職員から報告を受けて、その都度指示をしながら運営するトップダウン型ではなく、職員が主体的に動けるような環境づくりをします。

●代表的・ユニークな法定外福利厚生制度

同社が実施しているユニークな制度をご紹介します。

【パーソナルインタビュー制度】

評価のための個人面談ではなく、いぬかい理事長自ら聞き役のインタピュアーとなって、幼稚園・保育園の悪いところ・良いところ・職員個人ごとの仕事に対する想いを聞く機会としています。職員から語られた「悪いところ」は改善して良いところに、「良いところ」はさらに伸ばせば園の特長となります。職員個人の想いは、園側の意見を交えた議論をするのでなく、伝えてもらうことだけを意識しています。

●今後のSEiRYO学園の展望

いぬかい理事長は、月に1回土曜日を利用してオンラインで「保護者・担任・理事長」との対話の場を設けコミュニケーションも図っています。また、いぬかい理事長が代表となり設立した「日本ペアレンティング協会」では、保護者向けのセミナーや講演会を実施するなど、関係性を構築するための情報発信を行っています。セミナーにより園の考え方を伝えることによって幼稚園の考え方の理解が広まり、また保護者同士のつきあいを深めることによって、園への深い理解者も増え、職員への負担軽減だけでなくモチベーションアップにもつながっています。職員の離職が課題となる時期もありましたが、保護者のニーズを確認し、職員の意見を取り入れながら、どのようにしたら職員の負担を軽減することができるかの話し合いを重ねた結果、2022年までの4年間で離職率ゼロを実現できました。関係者の情報共有をしながら良い関係性を築いてコミュニケーションを深めることによって、子どもだけでなく保護者も職員も幸せになる経営を実践しています。

企業データ
社名：学校法人ＳＥ-ＲＹＯ学園（習志野台幼稚園）　理事長：いぬかい良成
所在地：千葉県船橋市習志野台２－59－22　主事業：幼稚園・認可保育所・学童保育　創業年：１９９６年年４月
社員数：２００名（男性：10名、女性：１９０名）　最年長社員69歳・最年少社員20歳

23 社員の成長が会社の成長につながる

株式会社大成（製造業／埼玉県戸田市）

●会社の概要・特長

大成は、埼玉県戸田市（本社）を中心に群馬県・福島県・山形県に事業所を持つ「市場分類不可能型複合的製造業」です。これからの社会インフラを担う通信機器事業や半導体製造装置に組み込まれる溶剤の脱気用中空糸膜事業を中心に多種多様なものづくりを実現する「ワンストップ・サービス」で事業を展開されています。

この業界では、これまで１つの製品を作り上げるまでに複数の企業が関わることで、品質や時間について多くの問題を抱えていました。そこで大成では製品の企画から金型の製造に至る

まで内製化を進め、さらに製品ごとに工場を集約化することで、供給責任能力を持ち、複合製品においても強みを持つ企業として発展を続けています。

●法定外福利厚生制度に関する基本的姿勢・運用

『社員が働きやすい勤務体系』

社内を見渡してみると、女性が多いことに気が付きます。実際、同社の女性比率は56％、正社員比率は54％となっています。一方、無期雇用率については84・1％と高くなっています。

同社は、働きやすい環境づくりの一環として、社員の生活スタイルに合わせた雇用形態をとっています。その1つが12種類の勤務形態であり、有給休暇の半日取得は当たり前で、時間有休制度も導入されており、パートのAさんは、この制度をフルに活用し、今では5人のお子さんがいるそうです。

さらに、地域柄、農業の繁忙期になると人手が必要となるので、状況に合わせて多くの社員がこの制度を活用されています。その結果として転職による離職率も2・3％と低く抑えられています。

『社員が積極的に参加する社内行事で一体感を生む』

同社には会社の行事に積極的に参加する文化が根付いており、様々な活動が展開されています。

例えば「ＱＣサークル活動」。２００４年から年２回開催されていて、パートさんも含めてほぼ全員が参加しています。発表サークルには図書カードが配られるとあって、パートさんも積極的に参加しているというから驚きです。

しかも参加チームは年々増えていて25回大会には13チームが参加、他に毎年６００件以上の改善報告がなされるなど、全社一丸となった取り組みが続いています。大会後には、敷地の一角に常設されたバーベキュー場で、社員の家族も参加してのバーベキュー大会。会社と社員とその家族のコミュニケーションを高めています（現在はコロナの影響を考慮し中止）。

もう１つ「委員会活動」も法定外福利厚生制度を活用したもので、９つの委員会と４つの同好会で構成されており、働く環境と風土を良くしていこうと、ほぼ全員が参加しています。

『法定外福利厚生制度を根付かせたきっかけ』

なぜこのように社員が積極的に働くのか、そのきっかけの１つに、社員が心臓発作で亡くなるという悲しい出来事がありました。「残されたお子さんに対して何かしてあげたい」という強い思いで作った「さすけね奨学金制度」。この時、従業員の遺族に対して初めて使ったそうです。そのお子様も今は社会人となりお父さんのことを思ってか、病院に勤務しています。

そのお子様から大学卒業時にお礼のお手紙を頂いたそうです。青柳社長は、その時のことをこう振り返っています。

「その時は、なんと切り出してよいか分からず『この制度を受給されますか』と尋ねたところ『誠に恐縮ですが支援を受けさせていただきたく思います』と答えてくれた時はホッとしました。そして、大学卒業後にお礼の手紙をもらった時は、本当に嬉しかった」

そして、その手紙は社員にも渡り、この会社は社員だけでなく、家族のことも考えてくれているのだという安心感が社内に広がったそうです。

『ワンストップサービスを実現させた社員育成制度』

社員との信頼関係が構築された同社では、付加価値単金制度による問題解決型の人財育成を行い事業展開の効率化を進めています。

全グループの採算性の見える化を行い、適正な人員配置とそれに伴う人財の流動によりスキルアップを実現するものです。結果としてパートさんのモチベーションも高まり、様々なスキルを身につけることで賃金アップも実現しています。

●社員の成長が会社の成長

青柳社長は、「我が社の根底になるのは「誠実」です。これが今を作っています」と力強く語ります。会社から社員への誠実な想い、そして社員から会社への誠実な働き。この善の循環が同社の成長を支えています。

ややもすれば甘やかしになりかねない法定外福利厚生制度ですが、決して甘やかしではなく、そして甘えもない良い環境を醸成しています。

企業データ

社名：株式会社大成　代表者：青柳喜彦
所在地：埼玉県戸田市川岸2丁目10番2号　主事業：製造業（通信機器の製造・精密理化学機器の製造）
創業年：１９５１年３月
従業員数：１７９名（社員91名　パートスタッフ88名）（内障がい者５名）男性75名　女性１０４名　最年長社員75歳・最年少社員19歳

24

「子育てライン」で育児家庭の働きやすさにこだわる

ダイニチ工業株式会社（暖房機器・環境機器製造業／新潟県新潟市）

●会社の概要・特長

ダイニチ工業は、１９６４年新潟県三条市で創業し、石油コンロ、石油ストーブなどの製造販売を始めました。

１９８０年、同市場にはすでに大手メーカー各社が参入しており競争は激化しておりましたが、他社製品が着火まで5分以上かかるなか、同社が発売した新製品は40秒で着火し、さらにニオイが圧倒的に少ないという先進的な技術が高く評価され、家庭用石油ファンヒーターメーカーとして地歩を固めていきました。

２００3年には経営を安定させるため、加湿器市場にも参入します。室温を検知して一定の温度に保つ技術や、モーター駆動音や耳障りな周波数の音を抑える技術などの、ファンヒーターでの技術を活かした加湿器は、今では同社事業の2本目の柱となっています。

同社は、新潟市で製品の企画・開発・設計・製造・検査を一貫して行っており、５３２名の社員（無期雇用社員比率は95・5％）と協力会社22社を合わせて１０００人以上の地域雇用を生み出しています。

また冬期商品にもかかわらず、年間を通した「平準化生産体制」により、夏に大量の在庫を抱えるデメリットもありますが、秋冬に集中生産するよりも、①継続的生産で品質が安定する②季節ごとに従業員を増減する必要がなく、最小の設備・人員で大量の製品が生産できる③協力会社の部品生産量も平準化し、その経営も安定するというメリットがあります。

石油暖房機器は、天候により売上が大きく変動するので、突然の寒波に即応できる生産体制が重要です。前述の協力会社とともにそれを構築し、生産計画決定情報を協力工場に即時配信することで、指示後約4時間で必要な部品の供給を受け、当日のうちに製造出荷が可能となりました。

●法定外福利厚生に関する基本的姿勢・運用

基本姿勢は〝流行りではなく、従業員にとって必要な制度かを従業員本位で考える〟です。

協力会社を含めたグループでの経営も大切にしています。大手企業からの生産委託事業が中止になり大規模生産ラインが停止した際も、配置転換で対応し雇用調整しなかったことは特筆すべき点です。そしてその後もグループ全体での雇用を守るため加湿器事業への投資を続け、この経営姿勢が後の業界トップシェアにつながりました。

参考指標…転職的離職率1・39％、月間所定外労働時間8・53時間、年次有給休暇平均取得率65・5％

●代表的・ユニークな法定外福利厚生制度

年間平準化生産をしている業務用石油ストーブラインの稼働時間を9時00分～16時00分として、短時間勤務社員のための「時短（子育て優先）ライン」を創設しました。（通常ラインは8時30分～17時30分）

失効有給休暇の積立保存をしています。有効期限内に取得できなかった有給休暇を、入院や介護など長期お休みをするという一定の条件下で復活させ、利用可能とする制度です。事情があってパートタイマーに転換した元正社員が、正社員に再転換する際の採用試験も省略可能にしました。

●今後のダイニチ工業の展望

「1つの製品で一世代を支えられたとしても、その子供の世代を支えていくには新たな製品の開発が必要になる。従業員と協力会社社員、その家族みんなが将来にわたって、安心して生活できる会社にしていきたい」との思いから2022年10月に空気清浄機事業に再参入しました。この地元新潟での一貫製造に拘ったものづくりは、従業員と協力会社の将来を支えていくことでしょう。

企業データ

社名：ダイニチ工業株式会社　代表者：代表取締役社長　吉井唯
所在地：新潟県新潟市南区北田中780番地6
主事業：製造業（暖房機器、環境機器、その他の製造販売）創業年：1964年4月
社員数：532名（男性正規：364名、非正規：13名、女性正規：144名、非正規：11名）
最年長社員64歳・最年少社員18歳

25 社員が幸せな日本一の知恵工場

株式会社タニサケ（防除用医薬部外品製造販売／岐阜県揖斐郡）

●会社の概要・特長

タニサケは、１９８５年に岐阜県垂井町で、前身となる株式会社谷酒生物公害研究所として設立、生産工場は同県池田町青柳に建設されました。１９８９年に池田町片山に新工場が建設され、社名をタニサケに変更しました。社員数は39名、社員の年齢層は、71歳から27歳です。正規社員数は31名で約８割が正規社員です。さわやかさん（パートタイマー）は有期契約ですが、会社から契約終了した事例はなく実質無期雇用であると言えます。同社の過去２～３年の正社員の転職的離職率が３・８％です。

主事業は、ゴキブリ殺虫剤「ゴキブリキャップ」をはじめとする防除用医薬部外品などの製造販売です。同社は「ゴキブリに困っている世界中の人たちを助けたい」という思いから、タマネギの成分で引き寄せて駆除するという、今までにない「ゴキブリだんご」を開発。

その当時はゴキブリの駆除剤というものはまだ一般的ではなく、当初は、その作り方を全国各地の婦人会などで教えて回る、いわば「互助会」のような形で誕生。

しかし、その後、顧客から「作るのは面倒だから、製品を作って販売してほしい」という要望が多数寄せられたため「ゴキブリキャップ」として販売を開始。それから35年以上にわたり、現在ではゴキブリ殺虫剤のほか、ネズミ駆除剤、ナメクジ駆除剤、ムカデ忌避《きひ》剤等の製品の製造・販売を行うまでに至りました。

同社は、「忠恕《ちゅうじょ》」「社員中心主義」「先も立ち、我も立つ」を経営理念としています。また、社訓として以下を標ぼうしています。人に喜ばれること（一隅を照らす）・一日一日を「よりよく」前向きに生きる（脚下の実践）・即行（お客様に感動を与える）・明るく、楽しく、おもしろく（底抜けの明るさ）。

また、同社は健全経営を続けており、1985年創業から36期連続黒字であり無借金経営です。全国トップクラスの利益率を誇り「日本一の知恵工場」とも呼ばれています。経営のノウハウを教える研修会「タニサケ塾」を20年間開催もしています。※忠恕とは、まごころと思いやりの意味

●法定外福利厚生に関する基本的姿勢・運用

同社では新しい法定外福利厚生を始める時に、社員が喜ぶかどうかを第一に判断しています。実施前と実施後に社員に意見を聞くようにしており、その結果、一度やり始めると長く継続していくことになります。これが同社の法定外福利厚生に関する基本的姿勢です。

●代表的・ユニークな法定外福利厚生制度

同社が現在実施している法定外福利厚生制度の中で、代表的・ユニークな制度「親孝行手当」、「家族感謝手当」を紹介します。それぞれ毎年4月と5月に1万円が支給されます。社員に支給された手当を使って、自分の親や家族に対し感謝の念をもった孝行の実践を推奨しています。親や家族に対する孝行や感謝の内容などは会社の社内報「フレッシュタニサケ」にも掲載され、共有が図られます。

A子「私は現在妊娠中で、近く出産予定です。つわりを経験し、これから出産も経験しますが、妊娠してから世の中の「お母さん」は偉大だなあと改めて感じました。そのため、実母と義母に感謝の気持ちを伝えたいと強く思い、ふたりとも、花が好きなので、花を買ってプレゼントしました。私もふたりのような母親になれるように、不安でいっぱいですが、がんばっていきます」（「フレッシュタニサケ」２０２２年5月号、タニサケ親孝行物語―２０２２―）

●今後充実したい法定外福利厚生制度

大切なのは、「私のタニサケと誰もが思い、会社の中で、仕事の中で、自己実現ができると感じる社風をつくること」と話す清水社長。今後追加される心温まる制度が楽しみです。

企業データ

社名：株式会社タニサケ　代表者：清水勝己　所在地：岐阜県揖斐郡池田町片山2957の1
主事業：防除用医薬部外品製造／販売　創業年：昭和60年4月　社員数：39名（男性23名、女性16名）　最年長社員71歳・最年少社員27歳

26 社員が健康で安心して働けるために

株式会社テクノア（業務用パッケージソフト開発販売／岐阜県岐阜市）

●会社の概要・特長

テクノアは、岐阜市で1981年に創業しました。主事業は、業務用パッケージソフトの開発販売を中心に、中小企業診断士やITコーディネータによる付加価値サービスの提供です。同社の経営面における特長は、ニッチ・トップ戦略における非価格競争モデルの構築により、高収益事業構造を確立している点と、コンサル人財による、伴走型支援を行っている点にあります。

同社は、「縁があった企業や人々を幸せにする」ことを理念としています。ITの力で、お

客様の経営力向上や業務改善といった企業体質の変革を支援し、豊かな未来を創造することを使命としています。また、「外洋帆船経営＝ブルーオーシャン経営」を標榜し、情報技術の進歩を先取して『人々がより人間らしい、ゆとりと生きがいがある生活』を実現するため、独創的なソフトウェアと付帯サービスの開発と提供を通じた社会貢献を志向しています。

また、自社の強みを人財だと捉え、顧客企業の経営者と接点を持ち、代理店経由ではなく直接営業の形のビジネスを確立し、自社の強みを最大限発揮できる領域のみに集中し、好循環をつくりだしています。社員は毎年、理念研修である「方舟《はこぶね》研修」を受講し、利他の精神や意欲を高め、顧客の良き相談相手となって課題解決をサポートし、新たな価値の創出を支援しています。

今から六年前、創業社長より経営のバトンを引き継いだ山﨑社長は、「社長の仕事は社員を幸せにすることである」という先代社長の教えを胸に刻み社員の幸せを第一に考え手探りで経営をしてきたと言います。

●法定外福利厚生に関する基本的姿勢・運用

同社では「税金のかからない資産」として、社員の中に蓄積された経験やキャリアの蓄積を目指しており、そのためには社員に長く働いていただく必要があると考えています。社員が健康で幸せを感じながら安心して働けるよう法定外福利厚生を充実させていくというのが、同社の法定外福利厚生に関する基本的姿勢です。

●代表的・ユニークな法定外福利厚生制度

同社が現在実施している法定外福利厚生制度の中で、代表的・ユニークな制度「UP&GET制度」を紹介します。

同社は、プロセスが間違っていなければ、結果はおのずと出ると考えているため、より良い会社になるために、売上などの数字以外の、例えば、感謝の声やサンクスメッセージの件数、改善提案件数や「Teams上のいいねの数、社員の有給取得率などの項目達成を目指しています。達成枠数の合計数で決定される「基本金額」に事業部目標達成率の平均をかけて計算した金額を「UP&GET獲得金額」として、四半期に1回社員の方に支給しています。UP&GETは、自己研鑽や社員間の交流に利用してもらうために、原則として敢えて現金で支給しています。

●今後充実したい法定外福利厚生制度

同社が今後充実したいと考えている法定外福利厚生は以下の通りです。

まず、遺児支援手当の導入です。これは、社員である親が亡くなった時に、子供が20歳まで、または大学卒業まで手当を支給するというものです。

また、社員同士の食事会補助の導入を検討しています。これは、社員が飲食を伴う懇親会を開催する場合、３千円から５千円程度を支給するというものです。
さらに、社員の家族向けの福利厚生についても充実させていきたいと考えています。

企業データ
社名：株式会社テクノア　代表者：山﨑耕治　所在地：岐阜県岐阜市本荘中ノ町八丁目８番地１
主事業：業務用パッケージソフト開発／販売　創業年：昭和56年７月
社員：３４４名（内障害者９名）（男性２０３名、女性１４１名）　最年長社員65歳・最年少社員21歳

27 制度よりまず風土づくりを！

株式会社天彦産業（特殊鋼・ステンレスの素材及び加工販売／大阪府大阪市）

●会社概要・特長

株式会社天彦産業は１８７５年に鋸製造業天彦商店として創業し、現在は大阪市中央区にオフィスを構える特殊鋼の販売商社です。
自動車部品やゴルフクラブ・刃物などに使う特殊鋼・ステンレスをお客様の要望に応えて加工して、国内外に販売しています。今では中華圏・東南アジア向けを中心に売上の半分近くが

海外向けの販売となっています。

鉄鋼業界は男性中心の職場が多い中、同社では女性社員の比率が約30％と業界の中では珍しい企業です。特に海外向けの販売では語学堪能な女性社員が多く活躍し、その中で仕事と家庭と両立しながら同社の海外への新規開拓などで売上に大いに貢献している社員もいます。男性・女性を問わずそれぞれが得意分野を生かして活躍できる場を設け、みんなが協力し合える「お互いさま」の文化を大切に、仕組みよりもまず風土の浸透を優先しています。

その結果、２０１３年にはダイバーシティ経営企業１００選に選ばれて、翌年には中小企業での女性活用の現場を視察したいとの強い希望があり、当時の内閣総理大臣・安倍晋三氏が視察に来られました。

●法定外福利厚生に関する基本的姿勢・運用

同社の経営基本方針の１つは「三方よしで３Ｈを追求しよう」です。

３Ｈとは、

Ｏｎｅ's ｏｗｎ Ｈａｐｐｉｎｅｓｓ　自らの幸せの追求
Ｆａｍｉｌｙ's Ｈａｐｐｉｎｅｓｓ　家族の幸せの追求
Ｃｏｍｐａｎｙ Ｈａｐｐｉｎｅｓｓ　会社の幸せの追求

のことです。

これら3つの幸せを追求する「社員第一主義」の経営を行っています。社員第一主義と言っても、決して、社員に甘い言葉ではありません。理念の実現には「自分・家族・会社」の3つの幸せを追求することが必要です。「自分の幸せ」とは、仕事での達成感や充実感の幸福を指しており、自分を支えてくれる「家族の幸せ」も欠かせません。そして、その2つが実現できれば会社の幸せは自然と生まれてくるという考え方です。社員が幸せを感じるからこそ、仕事の質が高まり、顧客に満足を与えることができると思っています。

ただ働きやすい環境を整えるだけではなく社員のモチベーションアップを考えて、社内の制度を設けています。制度を使いやすい風土を作るため「子どもの学校行事の日は必ず休む」ことを社員に徹底しました。すると社員の中に「お互いさま」精神が芽生え、有休消化率がアップ。休んだ社員の仕事は他の社員でカバーし合っています。またお盆休み以外に夏に2日休むリフレッシュ休暇や、年度初めに最大で12日間の休みを申請するメモリアル休暇などもみな積極的に取得しており、有休消化率は70％を超えています。さらに子育て支援の充実を図るために産前特別休暇（産前10日）の設定や、出産祝い金（第1子20万円、第2子30万円、第3子以降50万円）、入学祝い金制度を創設しています。

●代表的・ユニークな法定外福利厚生制度

社員の幸せのためには健康が第一と考え、社員全員が全額会社負担で人間ドックを受診しています。当初は35歳以上が対象でしたが、全社員に対象を広げました。また女性特有の乳がん、子宮頸がんの受診も可能とし、早期発見及び予防に努めています。

またガン保険にも全社員が加入しており、万一の時にも安心して働けるように努めています。

●今後の天彦産業の展望

充実した福利厚生を揃えて社員に安心してもらうことも大事ですが、それを気兼ねなく使える風土のほうがもっと大事だと考えます。みんなで助け合う「お互いさま」の心を大事にして、社員が協力し合える経営を行っていきます。

企業データ

社名：株式会社天彦産業　代表者：代表取締役社長　樋口威彦
所在地（大阪本町オフィス）：大阪市中央区本町2－1－6　堺筋本町センタービル15階
主事業：国内外における特殊鋼、ステンレス、シリコロイの素材販売、加工販売
創業年：1875年1月　社員数：41名、うち男性27名、女性14名（すべて正社員）
最年長68歳、最年少22歳

28

１人ひとりがお役立ちのために働くんや

東海バネ工業株式会社（金属ばねの設計・製造・販売／大阪府大阪市）

●会社の概要・特長

東海バネ工業は、大阪府大阪市にある金属ばねの設計・製造・販売を行う会社です。１９３４年3月に大阪で金属ばねの製造を開始し、１９４４年3月に会社が設立されています。創業以来89年間、競争をしない「非価格競争型経営」を軸足とし、常に「単品ばねでお困りのお客さまのお役に立つこと」を追求してきました。その結果、平均受注ロット5個というオーダーメード専門の多品種微量生産に特化し、同社のばねは、社会のいたるところに使用されるまでになっています。

特に、同社が力を入れている航空宇宙分野においては、宇宙航空研究開発機構（ＪＡＸＡ）のＨⅡＢロケットのエンジンや、人工衛星にも使用されています。これは、絶対零度（マイナス２７３℃）の宇宙空間でも正確に稼働するほどの、極めて高い技術力の現れです。

●法定外福利厚生に関する基本的姿勢・運用

同社の夏目直一社長は、２０１８年に先代の社長からバトンを引き継いだ三代目の経営者です。夏目社長は、「会社は社員のためにある」という代々受け継がれている行動哲学と、「会社のために仕事すな、家族のために仕事をするんや」という先代社長からの教えをしっかりと引き継ぎ、大切にしています。

同時に、社員の家族構成の変化や、ジェネレーションギャップに対応し、働くのは自分が決めた誰かのためのお役立ちを通じて人生を豊かにするためであり、「1人ひとりがお役立ちのために働くんや」、という行動哲学に進化させています。夏目社長は、社員とその家族、同社を支えている仕入れ客先の方を大切にし続けようと考えています。

●代表的・ユニークな法定外福利厚生制度

同社が現在運用している法定外福利厚生制度の中で、代表的、あるいは、ユニークな制度を4つ紹介します。

①　結婚および出産祝金制度

同社では、結婚祝い金として100万円が支給されます。また、出産祝金は、子供1人目10万円、2人目20万円、3人目50万円、4人目ではなんと100万円が支給されます。家族を含めた社員を大切にしていることが、とてもよく分かる制度です。近畿圏では、同社の制度をモデルとして、同様の制度を導入している企業が数多く見られるようになりました。

②　所定労働時間の長短や家族の働き方にかかわらない家族手当

同社では、２０２０年に短時間労働者の社員区分を廃止しており、時短正社員（所定労働時間が正社員より短い）に制度を変更することで、社員の多様な働き方を支援しています。現在の正社員比率は１００％です。同社の家族手当は、時短正社員でも、通常の正社員と同額が支給されます。また、対象となる家族が働いていても、健康保険法上の被扶養者でなくても当該手当は支給されます。

③　資格取得支援制度

同社では、自己啓発の教育補助金として20歳代は2万円、30歳代は3万円が毎年支給され、自分の仕事に関係のない資格でも勉強することができます。

リスキリングの支援に早くから取り組んできたと言えます。そして、実際に資格が取得できた場合は、その資格に応じ報奨金が支給されます。なかでも優良ばね製造技能者の金賞を取得した場合にはアメリカ旅行とその支度金が10万円支給され、技術者のモチベーションの向上につながっています。

④　家族感謝デー

新型コロナウイルス感染症が国内で発生する前（２０１９年）までは、社員の家族を招待し、家族感謝デーとして食事等を提供していました。２０２０年からは、感染状況を鑑み、オンライン開催に変更することで、家族感謝デーを継続しています。

オンラインでも、司会進行を務める社員がスパイダーマンや鬼滅の刃の仮装をし、お楽しみ抽選会、ゲーム大会、クイズ大会を実施し大いに盛り上げています。社員とその家族から好評を博し、とても喜ばれる一日となっています。

●今後の東海バネ工業の展望

同社では、ＢＣＰ（Business Continuity Plan 事業継続計画）の観点から、豊岡神美台工場に、災害時に宿泊できる施設の整備や、食料の備蓄を計画しています。また、同社の極めて高い約束納期遵守率（99・95％）を支えてきた社内システムを刷新し、ＤＸ（デジタルトランスフォーメーション）化を推進することで、これまで以上に、世界中の「単品ばねでお困りのお客さまのお役に立つこと」を追い求めていくことを考えています。

企業データ

社名：東海バネ工業株式会社　代表取締役：夏目直一
所在地：本社　大阪府大阪市西区西本町2丁目3－10　西本町インテス12階
　豊岡神美台工場　兵庫県豊岡市神美台15－21
主事業：製造業（金属ばね製造）　創業年：１９３４年
社員数：86名（男性：66名、女性：20名）　最年長社員67歳・最年少社員21歳

29 人を大切にするダイバーシティ経営と地域共生社会の実現を目指す

株式会社トーケン（建設総合サービス業／石川県金沢市）

●会社の概要・特長

1970年創業の同社は、「未来への胎動　不易流行、変化を恐れず未来に向かって胎動する」を経営理念に、根上現会長が社長に就任した2006年から第二創業期としての変革・改革に挑戦して「地域スーパーゼネコン」を標榜しています。以来15年にわたる黒字経営で、社員数・売上高ともに2・5倍に成長しました。とはいえ、事業規模の拡大や売上高のアップのみを志向しているのではなく、数年で規模や売上高が上昇したらその後数年間は足踏みし、中みを固めて強化するなど、階段上に踊り場を作りながら売上高を増加させる堅実経営を行っていることが特長です。また、顧客の資産価値を創造する提案力による民間工事の設計・施工を主としており、古くからのリピーターが多いのも特長です。

また、地域貢献事業として、「障がい者就労支援事業」「高齢者介護施設紹介事業」、環境貢献として「環境緑化事業」など、建設本業関連の社会貢献部門を設け、建設総合サービス業として建設に関わるお困りごとを解決し、地域のお役に立つ企業を目指しています。

同社が掲げる「経営の心構え」は以下の通りです。①人を大切にする経営の志を実践する（ダイバーシティマネジメント）②身の丈に合った成長を続ける（企業の継続が目的、階段踊り場式経営を構築して一歩一歩成長する）③時代のニーズに合わせて新規事業にも挑戦し、多柱経営を貫く（建設本業に相乗効果となって表れる仕組みづくり）④時代の変化を予測しつつ、大きな志を守りながら絶え間ない改革・変革に挑戦する（不易流行、変化を恐れず挑戦する気概を持ち続ける）⑤地域から選ばれ、必要とされ、役立つ企業づくり、5者を大切にする経営（支え合う地域共生社会の実現と地域未来牽引企業の自覚と志）

●法定外福利厚生に関する基本的姿勢・運用

同社では「成長するも停滞するも人」と考え、社員が主役の企業を目指しています。社員が、モチベーション高くやりがいを持って働き幸せを実現するため、職場環境のどこに改善ニーズがあるかを経営会議等で検討し、制度として決定・運用しています。

社員が必要として喜ぶ制度であることと、制度を利用しやすい企業風土の醸成を大事にしています。

また、新入社員や若手社員が安心して学べるトーケンアカデミー開校により過去3年間の転職的離職率は0・8％になりました。

●代表的・ユニークな福利厚生制度

同社の代表的・ユニークな法定外福利厚生制度として、「三大疾病罹患時の給付金制度」と「国家資格取得等に関する支援制度」を紹介します。

「三大疾病罹患時の給付金制度」は、社員の万が一に備えて導入した制度です。実際に、がん保険に未加入の社員2名が、がんの手術・入院時に給付金50万円支給され、「大変助かった」と感謝されました。また、資格取得等の支援には、取得時に報奨金が支給される「教育基金制度」と、資格に挑戦する社員やその子供の教育資金を支援する「教育資金借入制度」があります。ある社員は、難関国家資格取得に多額の資格学校費用を要しましたが、合格時の報奨金により自己負担を軽減することができました。（一級建築士の場合、資格学校費用に年間100万円余りが必要。会社より超低利息で貸付を受けても、合格時の報奨金100万円で返済が可能。その後、資格手当を月額1万2千円支給）

●今後充実したい法定外福利厚生制度

同社が今後充実したいと考えている法定外福利厚生は、休職手当の満額支給、長期勤続慰労金の支給、法定以上の育児休暇制度の導入、改善提案報奨金制度の導入などです。

人を大切にする経営を志向している同社の根上会長は、以下のように述べています。「トーケンは、減点主義ではありません。人を大切にし、一人前にする加点主義で社員を評価し、成長できるよう促しています。社員の成長があってはじめて会社が成長できるという考えです」。同社の今後のさらなる成長・発展が楽しみです。

企業データ
社名：株式会社トーケン　代表者：代表取締役会長　根上健正　代表取締役社長　伊野博俊
所在地：石川県金沢市入江3丁目25　主事業：建設総合サービス業（各種建築物の設計・施工）
創業年：1970年　社員数：77名（男性59名、女性18名）　最年長社員75歳・最年少社員20歳

30

「元気がないとすぐに気づいてくださる会長は「親」のようです

徳武産業株式会社（ケアシューズ（高齢者用シューズ）、ルームシューズの開発・製造・販売／香川県さぬき市）

●会社の概要・特長

同社は、1957年創業・1966年設立、香川県に本社を置くケアシューズ専門メーカーです。会長の十河《そごう》孝男さんは、「お年寄りが転ばない靴をつくってほしい」という友人の老健施設園長の依頼から、お年寄りにやさしい靴、つまずきにくい靴を開発。

会長の十河さんは、「徳武産業は、亡くなる前日まで歩行できる。それをお手伝いする企業でありたい。ケアシューズは、単に靴というよりもお年寄りの人生を変えるもの」と言います。同社は、「お年寄りの歩行そのものを見続けた日本で初めての靴メーカー」です。

●法定外福利厚生に関する基本的姿勢・運用

同社の経営理念の1つに「全社員の物心両面の幸せを追求します」があります。物心両面の「物」の幸せの追求の一環として、経常利益を基準として、決算賞与を支給します。

「心」の幸せの追求の一環として、賞与支給時に、社長の徳武さんからお手紙が一緒に渡されます。このお手紙は、会長の十河さんが社長の時に始め、現在では社長の徳武さんが引き継いでいます。企画製造部Fさんは、「手書きのお手紙には、良い面・改善したほうがより良くなる面まで記載があり、日頃からよく見て、成長を見守ってくださっているので、励みになります」と言います。

社員さんからの声として、会長、社長は、元気がないとすぐに気づいてくださるとのこと。以前、Fさんのご家族が病気になったことを他の社員さんから聞きつけた会長の十河さんは、「大丈夫か？　何かできることはないか？」と親身に相談にのってくれました。その後、何度も気にかけてくださり、心強かったそうです。

このように、経営者は、社員さんの命を守っている覚悟で、寄り添っています。同社は、「お客様に寄り添い、笑顔を届けるものづくり企業」を目指しますが、その寄り添いは、お客様と共に社員さんへも実現しています。

大切なことは、社員さんを「家族」と思って接することです。経営陣は、社員さん1人ひとりの公私の状況に関心を持ち、困っている時にはすぐに声掛けをすることを含めて、全社員の物心両面の幸せを追求しています。このため同社では、社員さんの働く環境整備、社員さんとそのご家族が喜ばれることを起点に法定外福利厚生制度を設けています。

●代表的・ユニークな法定外福利厚生制度

「社員のお誕生日お祝い」は、社員の誕生日の朝礼時に、社員全員の前で会長の十河さんが直接、渡します。総務部のOさんは、「みんなに祝福されることで、会長、社長をはじめ、会社のみんな、両親、家族に改めて感謝の気持ちで一杯になります」と言います。

「社用車・農機具貸出制度」有志の社員さんが自転車大会へ行く時や自宅の引越し時に、社用車の貸し出しや自宅の草刈りの時に、会社で使用する草刈り用の農機具を貸し出します。

決算賞与支給時に、親孝行のために使いなさいと使い途をアドバイスします。以前、親子間の関係性があまり良くない社員さんのお父様より、その制度があることで、息子からよくしてもらったと言って、そのお父様が描かれた立派な絵画を同社に寄贈されました。

社員教育の一環として、月刊誌『致知』をテキストに、人間学を学ぶ勉強会「社内木鶏会」

を開催しています。毎月1回、3～4人1組で感想文を発表し合い、美点凝視、良いところを褒め合います。

●今後充実したい法定外福利厚生制度

将来、社員食堂・社内保育園・フィットネススポーツジムを併設した施設の設置を本社敷地内に検討中です。

会長の十河さんは、地元さぬき市の里山に、誰もが入って散策できるように、一万坪の山を開拓し、檜や杉、山桜を植林しています。長期的な視点で、人も社会も幸せになるために、地域との共生を目指していきます。

企業データ

社名：徳武産業株式会社　代表者：代表取締役会長　十河孝男・代表取締役社長　徳武聖子
所在地：香川県さぬき市大川町富田西３００７　主事業：ケアシューズ（高齢者用シューズ）、ルームシューズの開発・製造・販売　創業年：１９５７年　従業員数：85名（社員68名　パートスタッフ17名）
男性30名　女性55名　最年長社員78歳　最年少社員26歳

31 顧客・従業員ファーストを貫く、業界「非」常識の経営

トップ保険サービス株式会社（損害保険・生命保険／福岡県北九州市）

●会社の概要・特長

福岡県北九州市にトップ保険サービスという損害保険・生命保険を取り扱う会社があります。野嶋社長は、「会社は顧客様から見た価値がすべてに優先し、組織の目的は顧客価値の創造であり、売上・利益は顧客様への価値提供の結果である」と言います。

同社は１９２６年に創業し、今年で96年目になります。初代野嶋末次郎さんによって、茶道具店のかたわら東京海上火災保険株式会社の代理店から始まっています。１９９４年、債務保証から多額の債務が発生し一時倒産の危機にありました。その年、現社長の野嶋康敬さんがトップ保険サービス株式会社を設立、従業員７名、損害保険年間取扱高６億円（収入１億２０００万円）、負債７億５０００万円でスタートしました。

同社は年中無休24時間お客様の幸せを第一に考える、「頼りになる顧問会社」です。個々のお客様の事情に最適な保険カバーを提案し、保険手配をします。また、事故が発生した場合、お客様の代理として、お客様のご負担を和らげる心のこもった頼りになる事故サービスを目指

します。

事故を未然に防ぐ情報提供や、講習会の実施、安全対策立案のお手伝いをします。お客様の企業活動や日常生活の様々な法律上のトラブル解決に助言を行い、専門家のご紹介も致します。また同社は、営業ノルマはありません。完全固定給、個人目標は無し、新規営業開拓も禁止しています。既存固定客様からの紹介が主な営業です。世界一のサービスを目指しています。

●法定外福利厚生に関する基本的姿勢・運用

同社の理念は、「①我々は常に、お客様から信頼され、頼りになる最強の「楯」としてお客様をお守りします。②我々は「おかげさま」の心を大切に、互いに感謝し、尊敬し、感動を生み出します。③お客様、社員、関わり合う全ての人々の「よかった」を増やすことが、我々の使命と考えます」です。

同社では、一度限りの人生をより大切に生きるために仕事場を「すっげえ職場」にすることを目指しています。社員重視の仕組み、やる気と能力を引き出すために大家族主義（見捨てない・弟と妹）、入社試験では全社員の面接を受け、全員が合格を出さないと不採用になります。次期社長は全社員の総選挙により決定。人事考課会議（1人2時間）では会社のあるべき姿、顧客目線での対応が徹底してできているか、我が社の強みを伸ばすことができているかを評価します。毎月個人面談、社員持ち株会、ＴＯＰ１００年計画は全員で作ります。

風土へのアプローチとして、なんとかなる、やってみよう、失敗はＯＫ、お互いを褒め合う・称え合う、いつも本音で思いやり、社員自らが動く会社を目指しています。

このため同社では、社員の働きやすい環境づくりを、社員の中にチーム「みんな大好きチーム」を作り、社員自身で考え法定外福利厚生制度を決定しています。

●代表的・ユニークな法定外福利厚生制度

同社が現在実施している法定外福利厚生制度の中で、ユニークな制度を２つ紹介します。

①毎年、「全部うまくいったらどうする会議」で話し合い、売上が対前年比１０５％以上達成した場合に社員全員に褒賞品がもらえる制度です。一昨年は４Ｋテレビか10万円の靴が社員に褒賞品として提供されました。

②個人面談手当（ワンＯＮワン）を毎月実施しています。直属の上司だけでなく、様々な管理職と面談し、ホンネを出し合います。

●今後充実したい法定外福利厚生制度

今後も「みんな大好きチーム」で社員や家族が喜んでくれることを社員自身で考えて要望が高いものから実施していく考えです。

①持ち家買い取り制度（会社）。毎月社員が家賃を払い、最後は簿価で社員に売却。

②マイカー買い取り制度（会社）。毎月社員が支払い、最後は簿価で社員に売却。

企業データ
社名：トップ保険サービス株式会社　所在地：福岡県北九州市小倉北区米町1－3－1
代表者：野嶋康敬　主事業：損害保険・生命保険　創業年：1926年1月
社員数：28名（男性：9名　女性：19名）最年長：81歳　最年少：21歳

32　Think（考える）　街づくり・患者のことを考えて行動しましょう

中村ブレイス株式会社（義肢装具の製造販売／島根県大田市）

●会社の概要・特長

島根県大田市に中村ブレイスという義肢装具を製作する会社があります。同社は、1974年、現会長の中村俊郎さんが、義肢装具の先進国アメリカで学んだ技術をどこで活かすのか、当時の常識でいえば、大きな市場が期待できる東京か、一度働いたことのある京都で創業するのが無難なところですが、故郷であるコンビニもない町（島根県大田市大森町）で創業することを選びました。

当時、大森町は過疎化が進みゴーストタウン化しており、自宅前の納屋を改装しただけの社屋でのスタートでした。義肢装具は障がいを受けた方に処方され、製作する医療用具です。人々の元気のもとになることを願い、そして過疎化の進む史跡の町「石見銀山」の再生の一助になればと、社員と共に一丸となり努力を続けてきました。義肢装具は高い技術をもって精巧な装具を生産し、指紋や体毛、血管まで再現した義手や義足、人工乳房にいたっては、本物同様に仰向けになれば横にたわみ、お風呂に入ればうっすらとピンク色に染まるという自然な状態を実現しています。独自に開発したオリジナル装具は、約200種類までになります。

●法定外福利厚生に関する基本的姿勢・運用

同社の経営理念は、「Ｔｈｉｎｋ（考える）」です。大森町のまちづくり、再生事業、患者さんのことを考えて「行動しましょう」を実践している点です。経営理念の浸透は、患者さん1人ひとりと向き合い、患者さんのことを考え、より良いものを作っていく、また喜んでもらえるもの、役立つものを作るために社員みんなで経営理念を共有して日々打ち込んでいます。

中村ブレイスの製品はほぼオンリーワン製品です。社員1人ひとりが患者さんに納めるまでに何度も患者さんに製品を着けてもらいながら様々な改良をし、患者さんに合う製品を作っています。具体的には、あとで述べる多くの法定外福利厚生制度の導入もそうですが、「働き方改革には、今後一層注力していきたい」と中村社長は言います。

このため同社では、社員の働きやすい環境を、会長の今までの経験と社長の考えを含め、法定外福利厚生制度を決定しています。

●代表的・ユニークな法定外福利厚生制度

同社が現在実施している法定外福利厚生制度の中で、代表的、あるいはユニークな制度を2つ紹介します。

①　社員住宅・古民家再生

この制度は、大森町の町並みを再生するため、また、若い社員の定着を図るため古民家を再生し、社宅として利用しています。一部はUターンやIターンで古民家を店舗として使用する若者が増えています。家賃も安く抑えています。

古民家の再生事業は中村ブレイスが蓄えた利益の中から100％出資し再生事業を行っています。現在までに64件、古民家を買い取り再生し、今65件目を島根県立大学とコラボし、町の図書館として古民家再生事業を行っています。

以前はゴーストタウンに近い町でしたが、今では若い人の定着率も上がり、保育園も廃止寸前であったのが、今では待機児童が出るほどまでになりました。また小学校も複式学級だったのが、今後は1学年1学級になることが予想されます。

②　中村ホール

同社では社員が集まる広い広場が設けられ、昼は社員食堂になるほか、朝礼やイベントにも使われます。時々コンサートの会場にもなるという地域の文化的空間であります。社員の食事会も開催されます。

●今後充実したい法定外福利厚生制度

今後も社員や家族が喜んでくれることは、社員皆と相談し、要望が強いものから順次実施していきます。

①　男性の育児休暇を取りやすくしたい。（1～2週間程度）

②　介護休暇を取りやすくしたい。

企業データ

社名：中村ブレイス株式会社　所在地：島根県大田市大森町八132

代表者：中村宣郎　主事業：義肢・装具・製造販売　創業年：1974年

社員数：80名（男性：40名　女性：40名）　最年長：68歳　最年少：19歳

33 ぶんぶんファミリーの絆を深め　そのぬくもりを地域社会へ

株式会社長坂養蜂場（はちみつの生産・販売、はちみつ加工食品の製造・販売／静岡県浜松市）

●会社の概要・特長

長坂養蜂場は1935年、現社長の祖父が浜名湖の湖畔にて個人創業し、87年目を迎えました。身体が弱かった創業者自身が、蜂蜜の栄養により健康を取り戻したことで、周囲への健康を願い、交通インフラの整っていない移動も困難な時代に転地式養蜂をスタートしました。

2代目に受け継がれたその想いは、もっと身近なものにと、蜂蜜加工食品を数多く開発、6次産業化へと業態を転換していきました。3代目の社長となった現在は、社員を大切にする大家族経営のもと、社内風土向上にも取り組みながら、それまで以上にお客様、地域社会に配慮したはちみつ専門店として業績を伸ばしています。

同社の特徴は、3代目となった現社長が、社業の歴史や初代から続く思いをとても尊重しています。創業者の生き方であった「感謝・報恩・三方よし」を創業の精神として掲げ、「ぬくもりある会社をつくりましょう」という経営理念をつくり、社員を「ぶんぶんファミリー」とし、社員とその家族を大切にしています。

相互感謝の思いから溢れ出る幸せ、ぬくもりをお客様や取引先様の幸せ、地域の幸せへと繋がっていけるよう努めています。

社員数は70名、うち女性スタッフが58名、定年制は廃止しており最年長社員は74歳、年次有給取得率は100％に近く、会社のぬくもりの中で快活に働ける環境が整っている魅力のある会社です。

●法定外福利厚生に関する基本姿勢・運用

同社は個人創業時代から数えて87年の歴史を重ねています。この間に飼育していたミツバチが病気により全滅してしまったり、不作で全くはちみつが取れず販売できるものが無くなってしまったり、古くは戦時下における爆弾投下により巣箱が吹き飛ぶなど様々な困難に遭いました。

近年ではコロナウイルスの蔓延により休業も経験、こうした状況に陥る度に、支えてくれるのは、社員であり地域の方々であると感じ、6次産業化を進めながら、社員との「大家族の絆」をより深め、感謝、報恩の気持ちから法定外福利厚生にも力を入れています。

●代表的・ユニークな法定外福利厚生制度

同社が現在実施している法定外福利厚生制度の中で代表的、あるいはユニークな制度を2つ紹介します。

① ミツバチの日感謝報恩デー

毎年3月8日のミツバチの日に、地元の神主さんをお呼びしミツバチ感謝式という神事を行っています。自分たちの商売の元となるミツバチや大自然の恵み、初代や先輩社員が繋いできてくれたことや、これまでの社業の歴史に感謝をする日としています。

また、この日はぶんぶんファミリーと呼んでいるスタッフに1万円を支給して、親孝行（親を送っている方は家族へ）をしてもらいます。スタッフそれぞれが、自分の親祖先にも感謝できる人になってほしいと願っての制度です。

朝礼で、若いスタッフがミツバチの日感謝報恩デーを通して親や家族のありがたみに気づき、家族の存在がありがたく仲が良くなったと話してくれました。

② 社員表彰『ぬくもり表彰式』

毎年、行われる経営方針発表会の中で一番時間を割いて行われるのがぬくもり表彰式です。これは前期末に、全員アンケートで約20項目の賞を投票で決め、表彰するものです。

表彰項目の一例としては、「ライバルは昨日の自分！スクスク伸び伸びの成長大賞」「人は何歳からでも輝ける！今後も期待の人生の先輩大賞」といった独特な名称の賞で、この表彰式の時間は、1年の中でも最もぬくもりが溢れる時間の1つとなっています。

表彰された人だけでなく、大家族としての経営に取り組んできたことや、受賞者の頑張りや努力を近くでサポートしてきた証として、皆が涙する感動の時間ともなっています。金一封や副賞などもありますが、モノの報酬以上に心の報酬が溢れる時間です。

●今後の長坂養蜂場の展望

～地元企業として、養蜂業を営む企業としてできることを一歩ずつ～「感謝・報恩・三方よし」の創業精神のもと、今後はさらなる障がい者施設との取り組みとして、自社の利益だけでなく、お客さま、障がい者施設、長坂養蜂場の「三方よし」となる商品の開発を積極的に進める計画です。そして、地元企業・地元農家との商品共同開発においては、地域の価値の再発見や課題解決につながる商品づくりを今以上に目指していくことで、地域貢献に寄与していきたいそうです。

企業データ

社名：株式会社長坂養蜂場　代表者：長坂善人　所在地：静岡県浜松市北区三ヶ日町下尾奈97－1　主事業：はちみつの生産・販売、はちみつ加工食品の製造・販売　創業年：1935年　社員数：70名（男性　12名、女性　58名）　最年少社員：20歳　最年長社員：74歳

34 老いも若きも、男も女も、正社員も非正規も、イキイキワクワク、どんどん稼ぐ会社

株式会社日本レーザー（レーザー機器輸入商社／東京都新宿区）

●会社の概要・特長

日本レーザーは、社員60名、年商62億円のレーザー機器輸入商社です。この29年間連続で黒字経営、自己資本比率約50％で実質無借金、離職率は10年以上ほぼゼロで推移しています。さらには「女性管理職３割」「70歳までの生涯雇用」「年功賃金から同一労働同一賃金、実力主義型への移行」などを20年前からいち早く実現しています。こんな高収益・高幸福を実現している日本レーザーですが、30年ほど前に倒産寸前まで追い込まれました。

同社は１９６８年、東証一部上場の大手メーカー日本電子が設立した子会社です（２００７年に独立）。親会社の資金力を担保に事業の拡大を図りましたが、バブル経済の崩壊により売上が急減。３年連続赤字となり、１９９３年に１億８０００万円の債務超過に陥りました。社員は育ったそばから辞めていく、社員と会社の間には信頼も愛情も尊敬もないバラバラな組織でした。

この会社の再建を請け負ったのが前社長（現会長）の近藤宣之さんです。

近藤社長はまず、「不良在庫」「不良設備」「不良債権」「不良人材」をなくすことから始めました。これまでの放置放任から一転、トップダウンで徹底的に管理していったのです。すると「これはかなわん」と不良人材が辞めていき、社員の多くが入れ替わっていきました。

徹底的な管理で累損を一掃し、黒字化を実現。その後、社員のモチベーション向上施策に着手しました。「頑張った分だけ報われる」「みんなが納得できる」評価制度、報酬、教育、仕事の仕方、社員の人間関係、社内の雰囲気など、あらゆるものを変えていきました。

今では、会社は社員を大切にする。大切にされた社員は会社に誇りと愛情を持ち、自律的にイキイキワクワクと働くことで、お客様に高価値・高満足を提供する。お客様はわが社に対価を支払ってくださり、わが社に利益をもたらす。その利益を社員に還元する。という好循環を実現しています。

●法定外福利厚生制度に関する基本的姿勢・運用

同社の経営理念は、「私たちは、世界の光技術を通じて、お客様やパートナーと共存共栄を実現し、科学技術と産業の発展に貢献します」です。そのためにクレドで明言しているのが「社員第一、お客様第二」ということ。社員第一主義（社員の成長が第一）を明言し、そのための制度を整え、運用することで、社員は本当に大切にされていると実感し、「圧倒的な当事者意識」を持ち、「徹底的な顧客密着」を実践しています。

社員の成長や多様な働き方を支援するための制度として、理念体現社員を育てる人事制度、昇格・昇給・給料も理念と連動、技術や知識の習得への相応な教育投資（１人年間50万円ほど）、本人が望む形態で就業時間を個別管理、女性も高齢者も活躍できる職場づくり、といったものがあります。

さらに、社内の連帯感・一体感を醸成するためには少しのお金を惜しまないという考えから、様々な法定外福利厚生制度があります。

●代表的・ユニークな法定外福利厚生制度

同社が現在実施している法定外福利厚生の中でユニークな制度をご紹介します。

①　社内にラウンジを設置

本社ビルの一部を改装し、自由に飲食できるラウンジを設置。「ランチタイムが私の息抜きであり、生きがい」と公言する女性社員もいるほどで、明るい笑い声がオフィス内に響いています。また、冷蔵庫には缶ビールが大量に用意されており、「独り飲み禁止」「飲んだら仕事に戻らない」というルールさえ守れば、終業後に自由に飲むことができます。すると、自然発生的に即席のビアパーティが催されたりと、活発な交流が生まれています。

②　イベントを定期的に開催

周年パーティ、忘年会、社員旅行などのイベントを定期的に開催し、これらイベントには、社員もパートも、フロア清掃を委託している会社のスタッフまで招待します。費用はもちろんすべて会社負担です。

会社を支えてくれているすべての方々に感謝して大切にする姿勢をとることで、社員も自然とそのようなことができる人になっていきます。すると、日本レーザーの応援団が自然と増えていく。ちょっとした費用は惜しんではなりません。

③　誕生日お祝い

このような考えから、誕生日お祝いは、社員もパートも派遣もアルバイトも嘱託にも全員、毎年誕生日に自分で自由に品物が選べる５５００円のギフトブックを贈っています。たまたま自分の誕生日に派遣やアルバイトに来ていた人にも贈ります。

●今後の日本レーザーの展望

「儲かったから人を大切にした」のではなく、「人を大切にしたから業績が向上した」という事実が、これからの時代に即した新たな企業経営のロールモデルとして世に広まり、１社でも多くの企業が「人を大切にする経営」を実践されることを願ってやみません。

企業データ

社名：株式会社日本レーザー　代表者：代表取締役会長　近藤宣之　代表取締役社長　宇塚達也

所在地：東京都新宿区西早稲田２−14−１　主事業：レーザー機器輸入商社　創業年：１９６８年年設立
社員数73名（男性：52名、女性：21名）最年長社員：75歳・最年少社員：23歳

35 小粒だけれどぴりりと辛い〝スモールバットエクセレント（Small but Excellent）〟

根上工業株式会社（製造業／石川県能美市）

●会社の概要・特長

企業理念は「わが社は化学の限りない未来を求め、ニーズとシーズをマッチングさせることにより、社業を発展させ、社員の生活環境の向上をはかるとともに、社会に貢献していきます。【私たちの使命】ポリマーの限りない未来を求めて…私たちは考え、挑戦し続けます」。

同社が得意とするのは重合技術（ポリマー）です。薬と食品以外の業界すべてに使用され、必要な機能を作るために無くてはならない材料です。

少数精鋭、臨機応変、緻密なコミュニケーションと素早い意思決定で、大手ではできない高付加価値の優れた製品を開発・提案してきました。〝Small but Excellent〟をキーワードに、規模拡大よりも質向上を目指す経営で、小粒だけれどぴりりと辛い、そんな会社を目指してい

ます。

創業者の辻社長は、船乗り経験で得た広い視野で『会社が社員の人間らしい生活を守る』『顧客と同じようにサプライヤー、協力会社も大切にする』を基本に経営しました。

4代目菅野社長は、労働条件や福利厚生など社内環境の整備を進めながら『顧客の要求に必ず応え、役に立つ』をモットーに企業を成長させ、現在、5代目西田社長は自在で活発なコミュニケーションがイノベーションを生むと考え「根上工業らしさ＝企業風土」を大切に、組織に横串、縦串を入れて、部門の垣根を超えてみんなの力を結集して独自の製品づくりを行っています。

●法定外福利厚生に関する基本的姿勢・運用

福利厚生制度を進化させ続けることで、社員は「会社が良くなっている」「社員のための会社」と実感します。人間らしい生活を守り、職場の人間関係を大切にする組織風土の醸成が経営者や上司への信頼感と社員のモチベーションを高め、過去3年間新入社員の離職ゼロ、定着率１００％に繋がっています。会社は社員が安心して働ける環境とわくわくする制度・文化をつくり、社員は自ら考えて会社が良くなる努力をして、実態から改善方法までを議論します。

人間らしい生活リズムを守るため、昔から勤務時間は8時～16時半、夜勤はありません。保育園迎えの時間に帰れる環境で無理な残業はなく、遅くても18時には終業しています。「気温が30℃を超えたら15時のアイスを提供する制度」は、とても暑い工場で働く対策の1つとして自然に導入されました。賞与には社長から会社や部門の現状と問題点・課題を記した手紙を添え、各自が課題に向かって挑戦しています。

●代表的・ユニークな法定外福利厚生制度

3つ、ご紹介します。

①　GLTD就業不能保険　病気やケガが原因で就業不能の際に補償される制度です。社員が任意で保険を上乗せすることができます。

②　グリーン倶楽部　敷地内の厚生施設には、昼夜問わず利用できるトレーニングルームやリラクゼーションルームを整備しており社員交流の場になっています。

③　災害見舞　2022年8月の豪雨を受けて同年10月から災害見舞を制度化しました。この時は西田社長自ら被災した社員の自宅を見廻りました。また、数年前の豪雪を契機に、社員が安心して出勤できる駐車場整備のための除雪ホイルローダーを導入、必要な資格を取得して対応を内製化しました。

●今後充実したい法定外福利厚生制度

社員自ら運用する確定拠出年金（401k）や資産形成を応援する国の税制優遇制度NISAの勉強会を実施し、興味を持たせて社員に運用させたいと考えています。また、リラクゼーションルームを活用した制度としてコミュニケーション企画や女性のための制度、その他、生命保険加入や企業年金制度、家族参加型の法定外福利厚生制度を考えています。

「会社が社員の人間らしい生活を守る」という創業時からの熱い想いは、法定外福利厚生制度となって自然に社内に浸透していると実感しました。新しい制度の誕生が楽しみです。

企業データ
社名：根上工業株式会社　代表者：代表取締役社長　西田武志　所在地：石川県能美市道林町ロ22
主事業：ポリマーを中心とする化学品の研究開発、製造、販売　創業年：１９７２年
社員数：１２８名（男性：１０９名、女性：19名）最年長社員64歳・最年少社員19歳

36 職人さんとして働きたくなる職場環境

有限会社原田左官工業所（左官工事／東京都文京区）

●会社の概要・特長

有限会社原田左官工業所は、１９４９年、現社長の祖父である原田辰三さんが東京都文京区で個人事業主として創業しました。２代目の父、原田宗彦さんは女性だけの左官チーム「ハラ

ダサカンレディース」をスタートし多くの新聞やテレビなどで取り上げられました。現在は3代目原田宗亮社長の元、左官工事、タイル工事、レンガ工事、ブロック工事、防水工事に取り組んでいます。

以前は1社に30％程度の売上を依存することもありましたが、提案型の左官施工会社として技術研鑽に取り組んだ結果、最大でも9・9％となっております。伝統工法や海外からの新しい技術など、様々な仕上げ方法の開発・提案を積極的に行うことで、他ではできない少量高単価型の仕事が増え、店舗80％、住宅20％を中心とした左官工事業者として着実に成長しています。

現在の社員数は54名、うち男性は36名、女性は18名です。現場作業員は44名、そのうち14名が女性の職人さんです。

同社の特長は、左官職人という職業に大志を抱く若い職人が多いことです。ＯＪＴ・社内講習会・外部研修を織り交ぜた研修制度を確立し、しっかりと人を育てることで、4年間の見習い期間で職人を育てます。この魅力に誘われて毎年若者が入社しています。

そしてもう1つの特徴が、新しい左官技術への挑戦を常に行い、他社にはできない仕上げ提案を行うことで、価格競争型下請けではない高付加価値提案型下請けの仕事を創造し、社員の働きがいを高め、過去5年間の平均的売上高営業利益率は11％を達成していることです。

また経営面の特長は、社員第一主義経営をモットーに、職人を大切にする経営を実践している点です。厳しい職場の多い職人の働き方改革を実践しているおかげで、近年の社員1人当たり月間所定外労働時間は20時間、年次有給休暇の平均取得率も56%を超えています。こうした経営の考え方・進め方が、社員とその家族の信頼を得て、ここ2~3年の社員の転職的離職率は独立希望者の多い職人業界においてわずか14%程度となっており、独立した職人たちも実家の左官屋さんを継ぐなど全国で活躍しています。

●法定外福利厚生に関する基本的姿勢・運用

同社の経営理念は「職人を守る・伝統技術の継承発展・幸せの創造」です。この経営理念に基づき法定外福利厚生にも力を入れてきました。

先代の頃から女性による左官チームを作るなど、職人さんを大切にする経営をしてきたこともあり、どうしたら職人さんが幸せを感じながら働き続けることができるのかを常に考え制度を設計しています。同族ではない役員や社員の意見を取り入れながら、少しずつ内容を充実させています。

●代表的・ユニークな法定外福利厚生制度

同社が現在実施している法定外福利厚生制度の中で、代表的、あるいは、ユニークな制度を2つ紹介します

①　年明け披露会

職人業界では見習い期間が終了し晴れて一人前になることを「年季が明ける」と呼びます。同社では4年間の見習い期間が終了すると、社員だけでなく、本人の家族や取引先の方々にも集まっていただき、年明けのお披露目会を行っています。見習い工たちはこの年明けに対し、憧れと同時に責任感、緊張感を抱きながら日々精進しています。

②　資格手当の支給

職人の世界は見て覚えろが当たり前でしたが、今はそういうわけにはいきません。同社では若手職人を、研修を通して育てることを大切にしています。先ずは動画を見て動きを確認します。次は実際に先輩の指導を受けながらその動きを実践してみます。できるようになったら現場で実践し腕を磨きます。基本・中級・応用とレベルに合わせた研修で腕を磨いた職人は1級・2級技能士の試験に挑戦します。合格したらその努力の証として手当を支給します。育て、その成長の証を評価することで、若い職人たちの働きがいの創造に役立っています。

●今後充実したい法定外福利厚生制度

日給月給制の職人は、休むと給料が下がるという現実があります。そのため夏季休暇は設定せずに有給休暇を使用して休むようにしていますが、年末年始はそういうわけにはいきません。そこで本来自費負担の道具代を会社負担としてあげて、その経費を1月にまとめて支給することで1月の収入を通常と同じくする制度の導入を検討しています。

企業データ
社名：有限会社原田左官工業所　代表者：原田宗亮
所在地：東京都文京区千駄木4－21－1
主事業：左官・タイル貼り・れんが　創業年1949年
全従業員数：54名（社員53名　パートスタッフ1名）　男性36名　女性18名　最年少社員18歳　最年長社員70歳

37 処方箋がなくても行きたくなる調剤薬局

株式会社パル・オネスト（調剤薬局／埼玉県富士見市）

●会社の概要・特長

パル・オネストは、1988年6月、現社長の父親が東武東上線沿線を中心に創業した調剤薬局です。現在、店舗の数は35店舗にまで成長発展しています。

社名の「パル・オネスト」の由来は、「正直な仲間」という意味です。1人ひとりのお客様のご要望に応え、相手の立場に立って考えられる正直な仲間と共に、様々なサービスをご提供することでお客様に喜んでいただける薬局でありたいという想いを持っています。

調剤薬局を地域の方にとって街のオアシス、すなわち地域の方が気軽に来ていただけるようなオープンな空間を目指し、足湯やカフェも立ち上げて、地域の人たちにとって憩いの場であることを実践しています。

また、発達障がいの子供を積極的に支援する事業所なども作り、地域の子供たちへの支援活動も行っています。

同社の経営理念は、「私達は、地域の人々に愛され、信頼され、喜ばれる存在として社会に貢献し、皆様の健康をサポートする、選ばれる企業を目指します」です。地域に貢献する薬局を目指し、処方箋がなくても気軽に立ち寄っていただけるよう、足湯も立ち上げ、オープンな空間を目指しています。

また、放置すると病気になるだろうと考えられる「未病」を治すための健康管理のアドバイスにも力を入れています。管理栄養士を在籍させ、店舗で定期的に栄養相談を行ったり、ホームページでもパル・コラムで健康情報をお届けしたり、食からの健康アドバイスにさらに取り組んでいます。

現在2代目となる代表取締役の齋藤裕之氏は熱く語っています。「患者様が気軽にいつでも相談できる『かかりつけ薬局・かかりつけ薬剤師』として地域医療に欠かせない存在となることを、常に目指しております。そして地域の皆様に愛され信頼されるのはもちろんのこと、社員からも信頼される企業にしていくことが、経営者たる私の使命だと信じて努力してまいります」と。

●法定外福利厚生に関する基本的姿勢・運用

地域の方々に貢献し喜んでいただくためには、そこで働く社員が満足していなければそれらを達成できません。ですから法定外福利厚生は、社員の満足度を高めるため、かなり充実したものになっています。

また、どのような法定外福利厚生を採用するかの決め方も社員の意見に耳を傾けています。要望の上がってきた社員の意見を元に役員会で決定します。

●代表的・ユニークな法定外福利厚生制度

同社が現在実施している法定外福利厚生制度の中で、代表的、あるいは、ユニークな制度を2つ紹介します。1つは、誕生日のスペシャルプレゼントに「ケーキ」と「スクラッチカード」を贈ることです。

ケーキは、特に女性社員に喜ばれるとか。日常では家族のためにケーキを買ったり贈られることはあっても、自分宛てにケーキを贈られたりすることがないからうれしさは格別とのこと。またスクラッチカードは社長さんの発案です。メッセージカードに同封されていて、当たりが出たらカタログから商品を選ぶことができるので社員は楽しみが増えるということです。

もう1つは、カフェの立ち上げです。社員の発案でカフェを立ち上げて、地域の皆さんに貢献したいという企画が出されました。場所は旧本店跡地です。駅から数分のとても利便性の高い場所に、薬剤師と管理栄養士がカフェで働いています。大きな投資ですが、これも広い意味で法定外福利厚生制度の1つと言えます。

カフェは、地域の皆さんにどんどん利用していただきたいということで、時間貸しのレンタルスペースやキッチン付きのミニセミナールームなども設けています。まさに社長と社員が協力して「処方箋がなくても気軽に立ち寄る空間」を実現しています。

企業データ

社名：株式会社パル・オネスト　代表取締役：齋藤裕之
所在地：埼玉県富士見市東みずほ台1－9－4　主事業：保険調剤・一般医薬品、医療用具・介護用品の販売：創業年1988年6月　社員数（パートを含む）：246名（男性：60名、女性：186名）　最年長社員64歳・最年少社員18歳

38 社員が心から安心して働ける、絶対に潰れない会社になる

パルス電子株式会社（トランス総合メーカー／新潟県村上市）

●会社の概要・特長

「トランス（変圧器）は電子部品、世界共通仕様、世界中どこでも作れます。ライバルは、世界です」

謙虚に言葉を選びながら話をしてくれた石原剛《たかし》社長。その胸中には「それでもウチは選ばれ続ける。関係者から無くてはならない会社になる」という想いと気概が感じられます。

パルス電子株式会社は、1984年に社長の父である現会長石原博氏が、同じ業界のトランス製造会社から脱サラして創業しました。需要の波を後追いする大量生産と、価格競争に明け暮れる営業方針に、絶望したからです。自分たちが納得するやり方で、今まで関わってきたトランスを製造したいという思いからの行動でした。また、博氏は「絶対に潰れない会社を作る」を信念とし、会社の継続を第一に熟考を重ね、電気設備がある限り無くならないトランスに、製造品目を絞り込みました。親子2代に渡る徹底的な差別化戦略が始まります。

「ライバルが嫌がる仕事をしよう」。1個からでも受注生産をしました。納期は標準の材料・

部品在庫を抱えることで同業他社より3か月早く、特注品はさらに短縮対応もしました。このような少量多品種発注にも対応できたのは、主力である子育てママが、正社員熟練工として高品質、高効率な生産ラインを支えてくれているから可能なのです。

そしてお客さまのために、一見対応に手間が掛かり効率が悪いように思える「困り事相談室」を設けました。「トランスに関することはもちろん、それ以外の問題解決もお手伝いをします。どうぞご相談ください」の企業姿勢により、お客さまとの距離を縮めるだけでなく、相談案件が他のサプライヤーとの共同製作にも発展し、大きな成果を上げています。

また創業当初、お客さまからの入金は期日3～5か月の手形決済でしたが、仕入先への支払は翌月に現金で振込をしていたため、資金繰りは常に綱渡りでした。運転資金が不足する度に、会社に経営者として不足資金を貸付することで、どうにかしのいできた歴史もあります。だからこそ潰れない会社にするという目標を達成するため、〝経営者個人より会社が大事〟〝手形は発行しない〟〝貰っても割り引かない〟、これらは創業者からの大事な引き継ぎ事項です。

●法定外福利厚生に関する基本的姿勢・運用

社員とその家族、協力会社、仕入先、お客さまなどステークホルダーを大切にする方針の下、基本的に残業しなくても維持できる製造ラインを作り、各社員には会社加入の生命保険等を充実させることで、より安心して働いてもらう環境を築いています。

特に子育てママの方々は残業を無くし、家事との両立についてできる限りの配慮をしました。これは、製造ラインの組み立てをフル操業の80％とすることで可能となりました。（ただし役職者、責任者は補足的に残業します。）その結果、過去2～3年の転職的離職率は0％、子育てママ層で退職する方はほとんどいません。

●代表的・ユニークな法定外福利厚生制度

会社加入の生命保険により、社員に万一があった際に子供が高等学校を卒業できるぐらいまでの給付金が受けられます。このことは共働きを前提に勤務している社員の将来設計に役立っています。

また、クリスマスケーキの贈呈は、社員が自宅でもクリスマスケーキを用意しているなか、会社からもケーキを支給したところ、子供の笑顔が倍になった話を聞き、これを続けています。

●今後のパルス電子の展望

より高品質市場へ参入することで、商品の要求品質や条件の難易度は上がりますが、高付加価値品として会社へのリターンも良くなります。それを社員に還元し、社員に喜んでもらい、そのモチベーションを元にさらに新たな業務に挑戦していく。この好循環を目指しています。正社員での国内生産にこだわり抜いた同社だから可能な取り組みです。

企業データ
社名：パルス電子株式会社　代表者：代表取締役社長　石原剛
所在地：新潟県村上市若葉町15－36　主事業：トランス総合メーカー　創業年：平成1984年
社員数：25名（男性：8名、女性：17名）　最年長社員64歳・最年少社員21歳

39 感謝の気持ちでパンを作り社員を育てる

株式会社パン・アキモト（パン製造・小売／栃木県那須塩原市）

●会社の概要・特徴

栃木県那須塩原市に世界中にパンをお届けしている本社工場と、美味しい焼きたてのパンが食べられる「石窯パン工房きらむぎ」があります。

総従業員約60名のうち、その8割が女性という女性の多い会社です。「片目で地元を見ながら、もう一方の目で世界を見据える企業を目指したい」という思いで、先代からバトンを引き継いだ2代目の秋元義彦さん。阪神淡路大震災をきっかけに、災害時でも美味しいパンが食べられるように、長期保存のできるパンの缶詰を開発。このパンの缶詰は、災害時の備蓄食とし

て役に立っているだけでなく、2009年にはスペースシャトルの宇宙食として活躍。世界どころか宇宙にまで飛び出していった企業です。

●社員と社会にお返しがしたい

世の中には、形式として存在する法定外福利厚生制度は沢山ありますが、同社の場合は、仕事に則した制度が多いのが特徴です。その根底にあるのが同社の理念「原理原則を守り時代の変化に対応」です。原理原則とは、安全で美味しいパンを提供することであり、社員の成長と技術革新で時代の変化に対応することです。そして、会社を継続・発展させ社員と社会に恩返しを続けています。

最近のコロナへの対応は、まさに理念を形にしたものでした。コロナ禍において病院で一生懸命に働く看護婦さんたちへ美味しいパンを届け喜んでもらおうと、社員やパートさんが中心になって地域の病院を回り、夜食パンを配ってきました。代表の秋元義彦さんは言います。「社員には感謝しかない。私の夢の実現のために社員が一生懸命に働いてくれているからこそ今があある」と。

●代表的・ユニークな法定外福利厚生制度

先述したように同社では社員の働きやすい環境を整えるために、独自の取り組みを進めています、例えば食事サポート。パン屋さんは朝が早いので朝食も簡単なもので済ませたりしがちですが、同社には月千円で食事が取れる制度があります。

特に朝6時前出勤の社員には、家庭での食事の準備や片付けから解放されるので、とても喜ばれています。もちろん昼食も同様で、毎日違ったメニューを楽しめるとあって、社員に好評です。

それから、面白い制度として華道手当というものがあります。社員の中に華道を嗜まれている方がいて、会社の玄関に花を生けたりしています。その方のスキルを会社に取り込み、積極的に生かしてもらうことで、お客さまや社員からも喜ばれ、その喜びが花を生けた社員も実感できるので、やり甲斐が生まれるそうです。

そのやり甲斐は、仕事へのモチベーションにもなり、仕事環境へも良い影響を与えています。

さらに、女性が多い会社なので産休・育休制度も充実しています。産休・育休を使うことで子育ては充実したとしても、経済的な問題が生じることがあります。

そこで同社の場合は、リモートでの就業を可能とするシステム化が進んでおり、育休の期間であっても少しでも収入を得たい人に有効に活用してもらっています。その効果はてきめんで、2回・3回と、この制度を使う人もいます。

●法定外福利厚生制度活用による社員の変化

同社には配達等に使う車が複数台あるのですが、どの車もピカピカです。取材に伺った日のことですが、お昼休みの時間にもかかわらず、1人の女性社員が雑巾を持って車を隅々まで拭き上げていました。もちろん会社の中も駐車場もゴミ1つありません。会社が思う社員への感謝の気持ちが、社員の愛社精神として育っているのだと感じます。

●将来のビジョン

これまでにも社員の働きやすさを追求してきた同社ですが、これからも個々の社員の資質を活かすために、新しい手当制度を増やしていくそうです。

今まで会社が存続できたのは、ピンチを救ってくれた多くの人たちのお陰だと秋元さんは語ります。銀行からの借り入れも断られ万事休すと思ったその時、1千万円を貸してくれた社員さんがいたそうです。人を大切に思い、この仕事をやってきてよかったと心から思ったそうです。

だからこそ、困っている人たちに美味しいパンを届けたい。災害はいつどこで起こるかわかりません。日本中の自治体にパンの缶詰（救缶鳥）を備蓄してもらいたいと熱く語ります。

企業データ

社名：株式会社パン・アキモト　代表取締役：秋元義彦
所在地：栃木県那須塩原市東小屋295－4　主事業：製造業（パン製造販売）　創業年：1947年12月
社員数：58名（社員29名　パートスタッフ29名）　男性：15名　女性45名　最年長社員65歳　最年少社員20歳

40 一番、日当たりのいい場所に社員食堂を

株式会社ビューティサロンモリワキ（美容一般及び化粧品販売業／大阪府交野市）

●会社の概要・特長

同社は、1952年創業、2022年に創業70周年を迎えました。先代の森脇茂さん、登美子さんの2人ではじまり、現在、大阪東部に美容室・貸衣裳店・ヘッドスパサロンを含め9店舗を展開、スタッフは現在、111名の規模です。全国チェーン店を除いて、規模の拡大をすることが難しい業界ですが、大家族主義経営で成長を続けています。

「やさしさと笑顔があふれるサロンを目指して」会長の森脇嘉三さんが中心につくられた理念「やさしい会社をつくりましょう〜一人一人をたいせつに〜」

「やさしい会社」とは、お客様や会社をとりまくすべての人々が「社員のみなさん、やさしいですね」と言ってくださるような会社です。

●法定外福利厚生に関する基本的姿勢・運用

「美容業界は、教育産業です」会長の森脇嘉三さんと取締役の森脇正子さんご夫妻は、法定外福利厚生制度の「制度」以前の取り組みを重視しています。

取締役の森脇正子さんは、「スタッフは家族。縁あって入ってきた人たちの人生の基礎をモリワキでつくってあげたい」と言います。

入社するスタッフは、高等学校や美容学校を卒業し、出身地は、地元はもとより、九州、四国、中国・近畿地方から来ています。親御さんからお預かりしたスタッフたちを一人前に育てるのが私たちの仕事。「働くことを通じて、何を実現したいのか？」彼らの夢を実現してもらえるようにお手伝いをしていきます。

モリワキの教育の基本は「教えられて、教えて、助けられて、助けて」です。

同社の藤が尾店のNさんは、「入社後、向いていないかなと思った時もあったが、先輩たちが何人も話を聞いてくれて、こうしたほうがいいよとフォローをしてくれて、立ち直ることができた。モリワキじゃなかったら、すぐに辞めていたかもしれない。みんないい意味で家族だと思っているので、頑張ってみようと思いました」と言います。

経営陣のスタッフを想う姿勢が伝わっている所以に、同社主催の20年勤続旅行実施の際に「会長、一緒に来てください」と言われたことがあるそうです。

●代表的・ユニークな法定外福利厚生制度

会長の森脇嘉三さんは、「一番大切にしてきたことは、人と人の絆です」と言います。美容師として、人として豊かな人生を送ってもらえるように、人と人との絆を育むイベントの開催や毎日の生活についてスタッフである家族を全力でサポートしています。

人と人との絆を育むイベントとしては、新型コロナウイルスの影響もあり、最近は、実施を見送るイベントもありますが、通常期の会社主催の代表的なイベントとして、新年会（社員・OB等関係する方は総勢200名を超え、成人社員も全員でお祝い）、大運動会（モリリンピック）、ヘアーショー（年に1回、全店のヘアスタイリストが集合する技術発表のステージ）、モリワキキャンプ、各店食事会、学年別の研修旅行（1泊2日）、クリスマス食事会、限界に挑戦（42km歩行）、ボランティア活動（障がい者施設を訪問し、カットなどの施術を実施）等があります。

毎日の生活を大切に過ごすために、交野本店の一番、日当たりのいい場所に社員食堂（寮母さん手作りでボリュームがあり、栄養バランスも満点とスタッフさんに評判）、本店の3階にレッスン場（仕事が終わった後、社員食堂で夕食後、同じ施設内で技術レッスンが可能）、社員寮（交野本店の近くに男子寮・女子寮を完備）。働く環境が整えられています。

●今後充実したい法定外福利厚生制度

会長の森脇嘉三さんは、「以前は実施していたのですが、一流ホテルでの食事会を復活したいです。モリワキの成長は、スタッフの成長。スタッフ自身が幸せを感じることが成長です。スタッフが日本一幸せを感じる会社を目標にしています」

創業70年を超えて、さぁ、新しい未来へと歩み続けます。

企業データ
社名：株式会社ビューティサロンモリワキ　代表者：森脇嘉三
所在地：大阪府交野市私部３－９－13　主事業：美容一般及び化粧品販売業　創業年：１９５２年
従業員数：１１１名（社員52名　パートスタッフ39名　アルバイトスタッフ20名）　男性16名　女性95名
最年長社員53歳　最年少社員18歳　最年長パートスタッフ71歳

41 家族の支えがあってこそ

株式会社廣野鐵工所（農業機械部品製造／大阪府岸和田市）

●会社の概要・特長

廣野鐵工所は、１９４５年に大阪府堺市で創業したものづくり企業です。農業・建設機械などのエンジン・ミッション・油圧などの精密機械加工、板金加工、溶接、組立まで、一貫したものづくりを行っています。

社員を守ること、お客様と安心したお取引をすることを目的とするＢＣＰ（事業継続計画）

の観点から、2017年に、大阪府岸和田市の丘陵地区に本社工場を移転しました。
ものづくりのプロフェッショナルを目指し続け、社員の成長と幸せづくり・感動部品のものづくり・社会への貢献づくりに日々邁進しています。そんな廣野鐵工所を経営する3代目社長が廣野幸誠《ゆきせい》さんです。廣野さんは、初代社長から引き継がれている「人を大切にする経営」を実践しています。「企業経営においては常に5者の幸福を念じ、その実現を図らねばならない」とし、①社員と家族、②協力会社、社外の社員と家族、③顧客、④地域住民、⑤出資者、株主を大切にされています。そんな同社は、驚くほどの法定外福利厚生制度を設け、社員第一主義を貫かれています。

●法定外福利厚生に関する基本的姿勢・運用

企業理念の第一に、「社員の成長と幸せづくり」を、経営ビジョンの第一に「社員満足度の向上」を掲げており、社員さん自身、及び社員のご家族の人生の節目となるイベントをできる限り応援しています。例えば、結婚、出産、マイホーム取得、育児、保育園入園、幼稚園入園、小学校入学、中学校入学、高校入学、専門学校入学、大学入学、就職、結婚と、それぞれのタイミングに祝い金を支給します。

中でも出産祝い金については、第1子が15万円、第2子が30万円で、第3子以降はさらに高額となっています。「この考え方の根底には、家族の支えがあってこそ、廣野鐵工所に勤務することができるということ。その家族の方々に対する感謝の気持ちを表しているのです」と廣野さんは言います。

●代表的・ユニークな法定外福利厚生制度

数多くの福利厚生制度の中でも驚くのは、社員の居場所と健康を考えた「自称大阪一」と自負する社員食堂です。創業当時、廣野さんの祖母が社員へ温かいものを提供していたそうで、現在の社員たちにも同じことをしてあげたいという想いからこの取り組みを大切にしてきました。

木の温もりを感じる空間で、ウッドデッキまであるこちらの食堂では、社員たちの希望を反映させ、こだわり抜いた食材、メニューはカロリー高低の2種、新鮮なサラダバー、食器にもこだわっています。

そんな充実の食堂において、ひときわ目を引くのが「椅子」です。MYチェアー制度というものがあり、食堂内に全社員分、1人ひとりのネーム入りチェアーがあるのです。入社時に社長から手渡され、退職時には贈答されます。6か月ごとに席替えを行うルールで、他部署との交流も図られる仕組みになっています。

また、社員の健康維持のため、社内にフィットネスやシャワー室も完備。賞与支給時には、本人、ご両親、奥さんへと5万円ずつ小分けにし、社長の感謝のメッセージを添えて支給。また、賞与に加え、米や野菜、肉、うなぎなど、家族での団らんのために厳選した食材を全員に現物支給するのです。

極めつけは、50畳の和室の会議室です。こちらは災害時、地域の方々の避難所としての機能も持たせており、飲料、非常食、毛布、ガスコンロなどを備蓄。地域と共存するという想いまでもが反映されている社屋には脱帽です。

●今後の廣野鐵工所の展望

社員に対し、朝食の無料提供なども行っていきたいという廣野さん。同社の「社員を大切にする取り組み」から今後も目が離せません。

企業データ

社名：株式会社廣野鐵工所　代表者：廣野幸誠
所在地：大阪府岸和田市岸の丘町3－2－8　主事業：農業機械部品、エンジン部品、産業機械部品、油圧部品、車両部品（機械加工、板金加工、部品組み立て）　創業年：1945年
社員数：141名（うち障がい者4名　男性：122名、女性：19名）　最年長社員：78歳・最年少社員：18歳

42 創業当時から大切にする人と人との繋がり

藤井電機株式会社（総合電気設備工事／大阪府大阪市）

●会社の概要・特長

藤井電機は、大阪府大阪市にある、各種施設建築物の総合電気設備工事会社です。1948年3月に兵庫県で藤井電機商会（藤井ラジオ店）として創業し、1961年6月に会社が設立されています（創業75年目を迎え、登記上の本店は兵庫県朝来市）。

同社が、昔から大切にしていることの1つに、人と人との繋がりがあります。同社の経営理念に、「藤井電機は、常に社内に笑顔があり、前向きで健康的な企業であること」があります。人と人が出会い、人同士がお互いを大切にする関係が築かれれば、そこには必ず笑顔が溢れます。時代が進み、技術が進歩すればするほど、人を大切にすることの意味が、もっともっと深まり、かつてないほどに重要になると同社は確信しています。そこで今回、同社の数多くの取り組みの中から、ほんの一部ですが、人と人との繋がりを大切にする取り組みをお伝えできればと思います。

●法定外福利厚生に関する基本的姿勢・運用

同社では、社員1人ひとりが、どういう状況であれば幸せなのかを考えて、長く働くことができる環境をつくることを考えています。そのため、育児休業は育児・介護休業法を上回る期間（3年間）としています。法定外福利厚生制度はある程度決めますが、それだけではなく、社員1人ひとりに個別対応していくことをより重視しています。

●代表的・ユニークな法定外福利厚生制度

同社が現在運用している法定外福利厚生制度の中で、代表的、あるいは、ユニークな人と人との繋がりを大切にする制度を4つ紹介します。

①　社内研修制度

同社は、人財育成に力を入れています。その一環として、教育研修の動画を毎年約300本配信しています。大阪本社では暗号化と複数の認証方式で強固なセキュリティ環境のWi－Fiにより、約280台の端末が同時接続できるよう構築されており、社員は、時間と場所の制約を受けず、いつでもどこでも研修が受けられます。電気関係の講座や会計に関する講座、また営業やマナーに至るまで幅広く実施されており、社内にあるスタジオからも生配信されます。若手を含めた社員自身が研修講師を務める場合も多いようです。

藤井社長は、教育研修の動画配信だけではなく、対面での研修も重要だと考えていました。

そのため、2022年の10月に、大阪本社の近接地に研修センターを竣工させました。一階は新入社員研修ができるように、高圧機器の内部や、電気の配線がそのまま見えるような設計になっています。2階は「EDISON」と名付けられた研修センター、3階は「FORESTS」という交流センターとなっています。ここは、森をイメージして作られた部屋で、アイランドキッチンを中心に約50席がデザイン性に富んだ設計で配置されており、社員みんなが話しやすく、懇親できるようになっています。

「THE SKY」と名付けた屋上のテラスはとても快適で社員の皆さんが本当に喜ばれるであろうと思うような作りとなっています。

近い将来、東京でも大阪と同様の研修センター、交流センターの整備を進める予定です。

② 社員旅行

同社では60年以上前から行われており、58年前（1964年）の琵琶湖めぐりの写真も現存しています。昔は毎年、現在は3年に1回、社員旅行を実施しています。時代が変わっても、新しい人が入社してどれだけ社員が増えても継続しています。工夫が凝らされ、緻密な計画の社員旅行に社員はとても満足しており、また行きたいと思っています。

③ 社員への手紙

藤井社長は、毎月の給与や賞与の明細に同封する手紙を書いています。社長の思いや、気づいたこと、社員の活躍の様子を書いていています。藤井社長は、「手紙を見てもらいたいと思うのは、社員の奥さんや家族の人です」と話します。その社員がどんな活躍をしたかが分かり、手紙により、社員が家族にとってのヒーローになれる素晴らしい取り組みです。この社員への手紙は、形を変えていますが、初代、２代目から引き継ぎ、すでに60年以上の歴史があるとのことです。

④　物品プレゼント

同社では、決算内容が良い時は、創業地である地元の但馬牛を社員に贈っています。この制度は、30年以上継続しています。但馬牛の贈り先は、社員本人の家だけではなく、実家の親でも構いません。実は同社では、親に贈る心優しい社員が多いそうです。親に贈ると本人が食べられないので、その社員には、別途会社で料理して食べてもらっています。

ハロウィーンやクリスマスでは社員の皆さんに喜んでもらえる賞品を準備した楽しいイベントが実施され、社員の皆さんの楽しみの１つになっています。

●今後充実したい法定外福利厚生制度

同社では、社員の人間ドックの費用を会社で負担することを検討しています。

また、新設した研修センターで、年間を通し人財育成研修がなされ、社員同士の懇親の場として活用してほしいと考えています。

企業データ

社名：藤井電機株式会社　代表取締役：藤井洋平
所在地：本社　大阪府大阪市北区大淀中4－1－16
主事業：建設業（各種施設建築物の総合電気設備工事）　創業年：１９４８年
社員数：１００名（男性：76名、女性：24名）　最年長社員76歳・最年少社員19歳

43

全ては未来の子供たちのために

ブリヂストンＢＲＭ株式会社（リトレッドタイヤ製造・卸販売／埼玉県加須市）

●会社の概要・特長

ブリヂストンＢＲＭは２００９年1月に設立されました、ブリヂストンの１００％子会社で、リトレッドタイヤ（リサイクルタイヤ）の製造・卸販売を行っています。商品の特徴としては、ＣＯ2の削減や資源消費の削減に貢献する商品です。

「持続可能な社会の実現」「持続可能な開発目標（ＳＤＧｓ）の達成」が世界的な課題となっている中、社会貢献に重きを置く会社です。

２０１７年に、活きいきプロジェクト「みんなが主役！変えていこう未来のために！」をスローガンに現在3代目の代表取締役社長須藤克己氏の社風改革のチャレンジが始まりました。「最高の品質で社会に貢献」というブリヂストングループの企業理念と、同社の「全ては未来の子供たちのために」（未来の全ての子供たちが「安心」してくらせる社会の実現）を支えるためには、社員の活性化・成長が最優先と認識し、社員1人ひとりへの企業理念・活動の意義を浸透、実行しました。

現在の社員数は３１０名、男性２９０名、女性20名です。最年長社員は70歳、最年少は18歳。正規社員比率は91・１％。最近の傾向は新卒よりも中途採用が増え、20歳から40代、コロナ禍の影響か、飲食業経験者の求職が目立つそうです。

●法定外福利厚生に関する基本的姿勢・運用

社員活性化の柱は「6つの改革」です。・マネジメント・人材育成・風土文化・コミュニケーション・人事福利厚生・顧客満足／黒字化です。プロジェクトの一環としても重要視しています。「社員とその家族を大切にする」ことを共通の価値観とし福利厚生を充実させてきましたが、社員の大半は、具体的にどのようなものがあるか答えることができませんでした。

そこで若手社員さんが目を引くような、ポップ調のポスターを作成し食堂の活きいきボードに掲示すると同時に、福利厚生ブックも作成し社員さんと家族に配布しました。表紙に社員さん自らがデザインされた可愛い絵が特徴です。また、大企業の子会社として、会社代表が交代しても後戻りしないための仕組みです。その他にも社員活性化活動の内容及び、進め方を12個のマニュアル（ガイドブック）にするとともに、さらに、要領に落とし込んでいます。

●代表的・ユニークな法定外福利厚生制度

同社の価値観として「・社員を大切にする　・チームワーク」があり、それを実践した事例がありました。脳内出血で長期療養休暇を余儀なくされた社員さんへの法定以上の給与・賞与の支給。また、その社員さんのお嬢さんは、大学に入学し単身で暮らしていた父親のアパートから同居し、通学する予定でした。闘病により引き払ったアパートの代わりに同社にて4年間アパートの用意をし、学費の一部を支給し続けることになりました。

また、パートさんからの話です。コロナ禍の初期から同社では、抗原検査キットを配布し、出勤時不調の際には自主検査を促してきたそうです。現在ではだいぶ検査キットは手に入りやすくなりました。その時期では、まだ珍しくパートさんまでに支給され、驚かれ、感謝されたそうです。

●今後のブリヂストンＢＲＭの展望

このような素晴らしい取り組みにより、社員さん1人ひとりのモチベーションは非常に高まっています。数多くの取り組みがありますが、特徴的なのが顧客満足【感動する工場見学〜

おもてなし～】です。

社員さん総出で考え準備し、歓送迎されます。数えきれないほどの、想いが込められたおもてなしです。「私たちには、いつもの工場見学かもしれない。しかし、お客様にとっては一生に一度しか同社を見学することがないかもしれない。ならば、お客様が涙を流されるような感動する工場見学をコーディネートしたい」との想いで始められたそうです。1人ひとりの想いが、気持ちが伝わる感動する工場見学です。

須藤社長は、社員さんに繁忙期は「工場見学」の受け入れは、中止したほうがよいのではないかと言ったそうです。社員さんの答えは、「工場見学を行う意義は、忙しいとか、忙しくないからということで実施するものではありません」と忙しい本人から、目的の意味を唱えられたそうです。須藤社長のお話を伺い、胸に熱いものを感じました。

企業データ

社名：ブリヂストンＢＲＭ株式会社　代表取締役社長：須藤克己
所在地：埼玉県加須市南篠崎1丁目2番地3　主事業：リトレッドタイヤの製造・卸販売　創業年：1962年7月
社員数310名（男290名・女20名）　最年長社員70歳・最年少社員18歳

44

存在そのものが社会貢献でありたい

株式会社ベル（ビルメンテナンス／大阪府東大阪市）

●会社の概要・特長

ベルは大阪府東大阪市に本社があります。ビルメンテナンス業を中心としながら、鳩対策施工サービス、保育、そして近年は介護事業にも取り組んでいます。

そんなベルを1992年に創業したのが、奥斗志雄《おくとしお》社長です。奥社長の夢は『日本一の感動企業』を創ること。全従業員がイキイキと働き、この会社で働いて良かったと幸せを実感する会社、お客様からなくてはならない会社と生涯お取引いただける会社、事業活動を通じ地域社会や日本を元気にしていくこと、そして未来を担う子供たちに素晴らしい国と大人の生き様を残していくこと、という想いを大切にしながら日々経営しています。

そんな同社が掲げている「ベルシティ」構想というものがあります。関わるすべての人が幸せに暮らすこの構想は、社員全員で作るという考えのもと、社員がやりたいことを事業化していくというもので、若手社員が社内ベンチャーを希望する動きも見られます。

また、2021年より開始した新たな取り組みであるデイサービスも含め、人生の最後まで関わり続ける事業を展開するというのが特長です。

●法定外福利厚生に関する基本的姿勢・運用

同社のミッションは「和を大切にし、人も建物も明るく元気にすること」です。そして、「社員と社員の家族の心身ともに健康かつ安全に人生を幸せに送ること」を基本としています。かつてバブル崩壊の影響を受け、倒産の危機に直面したことがありました。

その時、奥社長は経営において何を大切にすべきかを考え、目先の利益よりも社員を実感できる会社をつくると決めたのです。大切な家族の一員である社員が成長することでお客様をはじめ、社会全体を明るく元気にすることができると考えています。

●代表的・ユニークな法定外福利厚生制度

同社には、クリーンキーパーや本社スタッフの誕生祝い、全社員大会、社長と食事会、花見＆ＢＢＱなど「10の取り組み」というものがあり、一年中楽しい時間と空気が流れています。

その中でも特徴的なエピソードをご紹介します。

毎年12月24日、25日には「サンタクロースになる日」があります。これは奥社長自らがサンタクロースに扮し、2日間かけて、一軒一軒社員のお宅を訪問し、小学生までの子供を対象に、直にプレゼントを届けるという取り組みです。

当初はそこまで乗り気ではなかった社員たちからも、この取り組みは「思い出づくり」であり、これらは「人を喜ばせる経験」につながるという声が徐々に上がるようになり、正式にスタートすることが決まりました。

社員たちは子供の情報を事前に収集し、好きなおもちゃなどについて入念にリサーチ。基本的に対象は小学生までとなってはいますが、中学生の子供たちも喜ばせたいと、別途プレゼントも用意しました。同社はコーポレートスローガンとして「〝ありがとう！〟〝そこまでするか！〟〝さすがプロ！〟」を掲げていますが、このプロセスそのものが、まさに理念浸透であると奥社長は言います。「何のためにするのか」という目的を全員が考えることが重要なのです。

他にも、水上バイクの免許取得支援を行ったりもしています。夏に行われる海での社内イベントで活躍するために、会社が免許取得費用を負担。自分ができないことを会社がサポートし、それによって社員が成長し、また新たな「人を喜ばせる経験」につながるのです。

「これらはすべて社員が主体的に行っているのが嬉しい。そして、社長の顔色を伺いながらやっていないのがいいですよね」と奥社長は嬉しそうに語ってくれました。

●今後のベルの展望

住む、働く、死ぬまで暮らす、というのをつくりだすのが「ベルシティ」構想。「ベルの存在そのものが社会貢献でありたい」と力強く話す奥社長の目はとても輝いていました。

企業データ
社名：株式会社ベル　代表者：奥斗志雄
所在地：大阪府東大阪市吉田下島14－7
主事業：メンテナンス、リフォーム、その他機械警備、鳩対策施工サービス、保育、介護
創業年：1992年
社員数：本社スタッフ27名（社員21名、パートスタッフ6名　男性：19名、女性：8名）※グループ全体268名（社員54名、パートスタッフ214名　男性：96名、女性：172名）
最年長社員：80歳・最年少社員：20歳

45
大家族経営　松川一家
松川電氣株式会社（電気設備工事業／静岡県浜松市）

●会社の概要・特長

松川電氣は創業以来55年間黒字経営を続ける電気設備業者です。同社は1967年に松川智さんが松川電氣工事店として創業。2003年に小澤邦比呂さんが2代目社長に就任しました。大規模施設、工場等の電気設備、各種プラント設備が主事業ですが、今では見積もりをすれ

ば約90％が受注に結び付きます。基本的にゼネコンの下請けで工事に入るのではなく、「電気工事は松川電氣さんに依頼すると決めています」と発注者から多くの指名が入ります。やむを得ない事情で下請けに入る場合もありますが、価格競争には参加しません。

さらには工事を手掛けた顧客からは「何かあったら松川電氣に」と様々な相談事が直接舞い込んできますが、電気工事以外でも断ることはありません。

また地域にとっても必要とされている会社でありたいとの思いから「外灯が一灯でも消えていたら、たった一灯でも取り替えにいきます。それは夜道が暗くて困っている人がいるからです。目先の利益より、人の役に立ちたいという姿勢を優先しています」と小澤さんは言います。

●法定外福利厚生に関する基本的姿勢・運用

同社の経営理念は【自らの人間力をつけ真の幸福と楽しさを追求し夢・希望を後世に伝える】です。「大家族経営」を掲げ、目指すものは「社員の幸福と地域社会への恩返し」です。

この考えは「社員が元気で幸福でなければお客様に満足して頂ける工事を提供することはできない」という愛社精神ではなく愛社員精神と言える考えがあります。同社では3つの健康「身体の健康」「経済の健康」「心の健康」を大切にしています。

代表的な制度をご紹介します。社員と社員の家族の健康も守るため、人間ドックなどは対象となる40歳以上の社員だけでなく、社員の家族（奥様や独身者のお母様）を含め会社負担としています。実質定年を廃止し、65歳以上の社員でも正社員として減給せずに勤務しています。また傷病手当金は公的補助と合わせて実質100％支給、公的補助期間後は100％会社負担で無期限としています。

社会貢献活動を行うためのボランティア休暇制度（年間7日間）や街頭募金活動などの出勤扱いとなる地域貢献活動に関わることで心の充実を図っています。

また働きがいを高めるため、工事責任者に申し出制を採用しています。これは「お客様を感動させる施工は一番思いが強い者が行うべきだ」という小澤さんの考えから生まれ、立候補者を募り、立候補者はレポートを作成して提出し、社内で検討し責任者が決定します。施工した社員への恩返しとして小澤さん自らが竣工検査を行うとされています。

●代表的・ユニークな法定外福利厚生制度

同社が実施しているユニークな制度を3つご紹介します。1つ目が有給休暇取得率100％で全社員に1万円という制度です。こちらはまだ未達成（現在90％以上）ですが、有給休暇7日以上の取得者に3000円支給という制度は100％の社員が達成しています。2つ目は育英資金制度があります。在職中の社員が病気や事故で就労不能になり退職した場合、残された遺児の健全な成長を援助するために会社が育英資金を支給する制度です。

3つ目が社員旅行です。同社の社員旅行は高額すぎて福利厚生費扱いにできないと税理士から指摘を受けても「皆のためになるかどうかで決める」と決行、対象者は全社員とその家族、さらには協力業者（同社の仕事に70％以上の参加率）までが全額会社負担の対象です。そして旅行先で一番のホテルや旅館に宿泊します。これは一流ホテルの従業員の動きや対応の仕方を学ぶためでもあります。

●今後充実したい法定外福利厚生制度

「制度を増やすのではなく、今ある制度の対象をもっともっと広げたいと考えています。具体的には様々な制度の対象を社員のおじいちゃんや孫まで、協力業者の家族（配偶者や子供）にまで広げていきたい」と小澤さんは熱く語ります。

企業データ

社名：松川電氣株式会社　代表者：小澤邦比呂
所在地：静岡県浜松市東区有玉北町65－1　主事業：電気設備工事業　創業年：1967年3月
社員数：52名（男性：46名、女性：6名）最年長社員76歳・最年少社員18歳

46 世の中に左右されず社員が必要とする制度を必要な時に

株式会社丸井グループ（フィンテック・小売業／東京都中野区）

●会社の概要・特長

丸井グループは１９３１年、現社長の祖父が、月賦販売商丸二商会からのれん分けを受け独立創業、１９３７年に株式会社丸井として設立しました。

第二次世界大戦時下の商業活動規制を受け全店舗の一時閉鎖などもありましたが、終戦後、家具販売、月賦販売を再開し、１９６０年に日本で最初のクレジットカードを発行しています。

月賦販売と小売店舗展開を軸に１９６３年に東証２部、１９６５年に東証１部（現東証プライム）に上場しますが、現社長が就任した２００５年以降、持株会社制への移行や百貨店型から（モール形式での家賃収益がある）定借型への移行など、環境変化に合わせ柔軟に変化をしています。

現在の社員数は６１８４名、うち正社員は４６５４名、非正規社員１５３０名はパートタイム雇用となります。

同社の特長は、事業面ではクレジットを中心としたフィンテック事業にて高収益化を図り、小売事業を定借型とすることで安定収益を確保しながらアニメ事業や店舗運営事業などリアルな体験の場をビジネスパートナー・顧客に提供できる点が挙げられます。

経営面での特長は、6つのステークホルダーを意識した共創経営を実践しています。後述の法定外福利厚生制度だけでなく、社員の手挙げにより中期経営推進会議・公認プロジェクト・イニシアティブに参加できる仕組み（経営参画意識向上）により、社員1人ひとりの自主性を促し、自律的な組織となりイノベーションを創出する企業を目指しています。また、女性リーダー比率が3割以上、男性育児休職取得率100％など性別によらない働きのあり方の実現や、共に価値を創造するビジネスパートナー（特にオンラインに強みを持つスタートアップ企業）に資金以外でも、フィンテック・リアルな体験の場（店舗）など同社が得意とするものも提供し支援している点に現れています。

また、将来世代もステークホルダーの1つとし、関連団体からの学生への奨学金無償給付や、大学生向けビジネスピッチコンテストなども実施しています。

●法定外福利厚生に関する基本的姿勢・運用

同社の掲げるミッションは「すべての人が「しあわせ」を感じられるインクルーシブで豊かな社会を共に創る」であり、全ての経営活動がこのミッションに基づき判断・実行されています。

現在数多くの法定外福利厚生制度が用意されていますが、創業者の想いである「家族主義」が創業から永く影響し、健保組合の設立も早く、1962年です。

遺児支援制度である育英年金・ゆめ基金についても家族である社員の家族を護るという経営の覚悟が現れています。また、有給取得奨励など今日では多くの企業が義務化されたものも法整備が進む前から実施されています。

2000年代以降は、社員の家族に影響のある制度の多くは、戸籍上の関係に縛られないというジェンダー差別のない利用ができるものに進化をしており、こちらも同じく法整備を待たずして自ら実施されています。

法定外福利厚生制度の運用は、同社単体で行うのではなく、組合関連組織の福祉会、青井奨学会など関連組織と連携し運用しています。

●代表的・ユニークな法定外福利厚生制度

遺族一時金、結婚祝い金などは戸籍上の家族にとらわれずジェンダー差別のない運用をしています。特別きっかけとなる事案があったわけではなく、社員の多様性を踏まえ幸せを考えた場合、戸籍に縛られる必要はないと判断されているのです。

育児休暇制度の男性社員取得率が100％となっています。

自己啓発休職制度は、大学進学や留学など社員個人が自己啓発を目的とした学びを実践したい際に自由度をもって選択ができるように準備されています。こちらも特別きっかけとなる事案があったわけではなく、人は学び続けたいという欲求があるという点から用意されています。

●今後充実したい法定外福利厚生制度

具体的に何かあるわけではないが、働き方の変容に合わせ必要とされるであろうものを準備する方針です。

企業データ

社名：株式会社丸井グループ　所在地：東京都中野区中野4丁目3番2号　代表者：青井浩
経営理念：すべての人が「しあわせ」を感じられるインクルーシブで豊かな社会を共に創る
主事業：フィンテック事業・小売事業・未来投資事業　創業年：1931年
社員数：6184名（男性2572名、女性2082名＋非正規社員1530名）　転職的離職率2・6％
社員の年収（除く時間外）：約483万円　過去5年間の売上高営業利益率：約14・6％
社員の最年長年齢：66歳（※正社員定年60歳のため、最年長年齢は正社員ではない。）　社員の最年少年齢：18歳
年次有給休暇平均取得率：69・3％（※管理職除き）

47 いい会社へキックオフ

村田ボーリング技研株式会社（溶射加工技術業／静岡県静岡市）

●会社の概要・特長

村田ボーリング技研は１９５０年、現社長の祖父が前身である「駅南村田鉄工所」として創業しました。各種エンジンのボーリング（再生）をしていましたが、１９５２年に静岡県下初のクランク研削盤を導入、１９６１年には溶射加工を開始し現在に至ります。創業当時から他社ではできないような難しい加工を可能にする技術があり、当時から価格競争という土俵に上がらず、地に足を着けた経営を行い、着実に取引相手から信頼を得ることで発展してきています。

経営面の特徴は「村田に入って良かった、定年までいてくれる会社作り」をモットーに、社員第一主義を自ら考えて行動している点です。

こうした経営の考え方や進め方が社員数88名（内パート１名）１人ひとりとその家族、取引先相手からの信頼を得て、創業以来、72年間連続黒字経営を継続しています。

●法定外福利厚生に関する基本的姿勢・運用

先代からの思想が脈々と受け継がれている、人がやらないことをやるのが好きという現社長の思いと行動力が今の福利厚生へつながっています。

社員のためを思って取り入れてきたのが今の結果であり、思いの数だけ福利厚生の数へとつながったのではないかと思います。ベースにあるのは「村田に入って良かった」と社員に心から思ってもらうことです。

新卒採用時には、「当社の理念に共感をして頂き、たとえ苦労があろうといい会社作りを共に取り組んでくれる方を探しています」と伝えています。条件で会社を選ぶ学生は入社した途端に「隣の芝生」が良く見えるものです。内定者には会社のパンフレットを作成する課題を出します。同社の魅力を自分たちで調べ、自分の会社を理解し、どうすれば相手に伝わりやすいか、学生視点で作り上げることが実は相手に伝わりやすい内容になるのです。

その一連の流れは、文書の構成から納期まで携わることで仕事にもつながるという独自の教育を含んでいます。それが同社の風土作りの一環になっています。

同社は今日でこそ「人を大切にする経営学会」より受賞しており、お手本にされる側の企業になってきましたが、その道は決して順調ではないのも事実です。２０１４年12月にいい会社作りをキックオフしました。当時、一番信頼を置いている管理職の方から「社長が何を言っているのか全く分からない」と言われたのがスタートでした。さらに１か月に１回の勉強会を開催し続け、１年10か月後の22回目には「社長は外に向かって良い顔をしようとしている」と言っている社員がいるという発言がありました。ただ、強い決意と信念、勇気と行動を続けることで、少しずつではありますが良い方向へ向かっていき、社長の思いや考えが１人ひとりの社員へ浸透し現在に至っています。

●代表的・ユニークな法定外福利厚生制度

同社が現在実施している法定外福利厚生制度の中で、代表的、あるいはユニークな制度を２つご紹介します。

①　せん虫によるガン検査を社員と協力会社担当者と30歳以上の同居家族に実施

１滴の尿で体内のガンの有無を判定できる画期的な検査方法です。ガンの有無の正解率は約86％という高い感度です。そもそも、始めようと思ったきっかけはテレビ番組を見たのがきっかけでした。現在ガンは早期発見することにより対処できる病気になってきています。若い社員も在籍している中、これは社員のためになると思いすぐに導入しました。検査結果時には社員一同、ドキドキで開封しました。

②　２時間単位の有給休暇使用（20年前より実施）

現在では女性の働き方への一環として取り入れている企業はありますが、驚きなのは20年前より取り入れているのです。子育て世代の女性の方をはじめ、ちょっと用事があって出たい時や平日にしかできない用事を済ませたい等、働き手を考慮した嬉しい制度です。安心して働きやすい職場作り、長く働ける職場作りの一環として取り入れた制度です。

●今後充実したい法定外福利厚生制度

今後も社員やその家族が喜んでくれることはどんどん取り入れていきたいと思っています。社風を変えるには時間がかかります。出た利益を社員へ還元しようと思ったのが福利厚生制度の始まりです。

その思いを忘れることなく今もアンテナを張っています。すべては社員のためであり、村田に入って本当に良かったと思って頂くこと一点です。当たり前にせず、一度決めたことをやり続ける覚悟と勇気と実行です。

企業データ

社名：村田ボーリング技研株式会社　代表者：村田光生
所在地：静岡県静岡市駿河区北丸子1丁目30－45　主事業：溶射加工技術　創業年：1950年
社員数：88名（男性83名・女性5名）　最年長社員73歳・最年少社員24歳

48 だってん良うなからんとでけんばい（みんなが良くないといけない）

株式会社柳川合同（総合物流商社／福岡県柳川市）

●会社の概要・特長

柳川合同は、１９５４年設立。福岡県南の柳川市に本社を構えるトラック運送・倉庫業・引越業等を行う総合物流商社です。全国に10営業所、倉庫、物流センターを展開しています。倉庫業では、保管・荷役・流通加工等、お客様のニーズに合わせた保管ができます。システムも充実しており、同社開発のＷＭＳにてハンディーでの入庫・出庫作業・棚卸などの在庫管理を行うことで、一括管理によるコスト削減と、サービス向上という最適な業務サイクルを実現させています。

現在の社員数はグループ全体で４０４名、うち女性が１０２名です。女性管理職比率が40％と高いこともあり、働きやすい環境が感じられます。高齢者雇用にも注力しており、現在70歳以上社員が10名在籍、海外からの技能実習生も受け入れています。２代目社長の荒巻哲也さんは「安全と人」が最大の武器だと言い、社員と社員の家族をとても大切にしています。

●法定外福利厚生に関する基本的姿勢・運用

同社の社是は「最強最優」です。物流業においては最強、そして働くみんなは最優、最も優れている、最も優しい人たちであると言われるような会社にすることが目標です。そのためには全社員が一枚岩になり、みんなが良くなる環境を作らなければなりません。

荒巻さんが「みんなが良くないといけない」と肝に銘ずるようになったのは、過去に2つの大きな出来事があったからです。

1つ目は、社員が労働組合を結成したことです。自分の経営がダメだと突きつけられた気がして大変落ち込みました。しかし、話し合いを進めていく中で自分の悪かったところ、改善するべきところに気づかされました。

2つ目は、同社のドライバーが正面衝突の事故で亡くなったことです。社員の命を守れなくて、会社として存在意義があるのかと悩み、今でも悔いが残っています。これらによって、荒巻さんの価値観が大きく変わっていきました。

荒巻さんは一緒に時間を過ごすのが大切だと考えます。本社には社員手作りのゴルフ練習場、バスケットコートがあります。また、バーベキュー大会、子供会社見学会など、社員の家族とのイベントも多数作られています。社員の子供がデザインしたラッピングトラックも走っています。同社では、その時々で皆で思ったことを皆でやってきました。

●代表的・ユニークな法定外福利厚生制度

同社が現在実施している法定外福利厚生の中でユニークな制度を紹介します。

毎月1回社員さん手作りのカレーの日、ラーメンの日があり、毎週月曜日にはお弁当を全社員に無償で配ります。社員の健康や部署の違う社員同士のコミュニケーションづくりにもなっています。また社内には、オフィスおかん他、様々な種類で大量の菓子・パン・ラーメン・スープ・飲料・アイス・冷凍食品が特別価格で無人販売されています。

なかでも驚かされるのは、ドライバー1人ひとりに専用の個人デスクと椅子が用意されていることです。ドライバーは、業務上1日中社外に出ており、社内にはほとんどいません。しかしドライバーが帰ってきた時に少しでも座れる場所、帰る場所があるといいな、という想いから用意されました。それまでは、業務終了後すぐに帰宅していたドライバーも、今では早く帰れと言うくらいみんなでワイワイと話していることもあります。

また社員と社員の家族皆で楽しむ30キロウォークも開催しています。これをきっかけに歩くようになり、健康に気をつけるようになった人もいます。同社では、こうした家族も一緒に楽しむイベントが多いため、子供たちからのメッセージが数多く届きます。

●今後の柳川合同の展望

今後は、まず社員食堂をつくりたいと言います。そして荒巻さんは「物流を良くするための学校を作りたい」と、大きな野心を語ります。

企業データ

社名：株式会社柳川合同　代表者：荒巻哲也　所在地：福岡県柳川市西浜武475-2
主事業：一般貨物自動車運送事業・第一種貨物利用運送事業・第二種貨物利用運送事業・倉庫業・貨物梱包及びそれに付随する業務・引越業　創業年：1954年設立
社員数91名（男性：38名、女性：53名）※グループ全体414名（男性：302名、女性：102名）
最年長社員：72歳・最年少社員：17歳

49 幸せな社員は充分すぎるお客様サービスに務めます！

でんかのヤマグチ（株式会社ヤマグチ／家電・住宅設備機器の販売ほか／東京都町田市）

●会社の概要・特長

東京の町田市に家電から空調住宅設備の販売、住まいのリフォーム、健康商品販売を手掛け、大手家電量販店にも負けずに、26期連続黒字経営のヤマグチがあります。

「ヤマグチの販売価格は、社員の幸せを考えた価格です、どうぞご理解を。幸せな社員は、充分すぎるお客様サービスに務めます！」と創業者でもある社長・山口勉さんは言います。

同社は、１９６５年に東京の町田市に創業し、街の小さな電器店でありながら、最も多い時は6店舗もの大型店に囲まれながらも、黒字経営を続けてきています。その秘訣は徹底した御用聞き営業にあり、「トンデ行くヤマグチ」をモットーに、かゆいところに手が届くどころか、かゆくなる前に、かいてあげるというヤマグチにしかできない顧客サービスを大切にしているのです。

そういったおもてなし経営の姿勢が認められて、勇気ある経営大賞（東京商工会議所）や、おもてなし企業50社（経済産業省）で受賞されている一方で、製品安全対策優良企業（経済産業省）という安心安全の面でもお墨付きをいただいているのです。

●法定外福利厚生に関する基本的姿勢・運用

山口社長の理念は、しっかりと社員に分配・還元を行い、社員の喜ぶ姿を見たい（大切にしたい）という一念にあります。

ヤマグチの営業スタイルである、毎日毎日御用聞き訪問をし、密着したサービスを提供するのは、地域やお客様に貢献しようとする社員１人ひとりの思いにあると考えているからです。ヤナグチの社員は、一期一会を大切に、感謝の気持ちを忘れずに、街の電器屋さんとして、小さい会社の小さいなりの戦い方をして、小さいなりの幸せをしっかり感じています。

今でこそコロナ禍で減ってはいますが、山口さんは、年間で何十回もの講演を引き受けています。本業以外で稼いだお金ですが、会社名義でプールしているのです。

あまり贅沢をしない山口さんは、それをヤマグチの稼ぎと考えて、毎年1回、年度末に社員に還元しています。その時には、1年の感謝を伝えるとともに、1つだけ条件を付けています。それは、「おしゃれ」に使ってほしいということです。お客様に接するのが仕事ですから、スーツやシャツ、ネクタイなど、外見や身だしなみに使ってほしいということです。

これが「おしゃれの感謝金」の始まりです。

●代表的・ユニークな法定外福利厚生制度

ビジネスのエリアを絞り込んで、徹底的に地域のお客様に密着したヤマグチの営業スタイルを実践する社員が、東京・町田という地域を愛し、通勤時間も短縮できるということで、その住居さえも東京・町田に移してくることがありますが、そういった引越しは大歓迎なのです。ヤマグチは「引越し」にかかる経費を負担して、社員を支援しています。

また、80歳を迎えてもなお、健康で現役の山口さんですが、自らも愛用する胃腸薬（長野のロングセラー・百草丸）を配って、高齢者も多い社員の健康に気を遣います。

このように、小さな会社だからこそ、柔軟に考え、社員に喜んでもらえる福利厚生を実施していきたい、と考えているのです。

●今後のヤマグチの展望

地域のお客様に貢献するというヤマグチの考えに共鳴する街の電器店が、「ライフテクトグループ」を結成、2022年4月現在で加盟が12店16拠点となり、地域に根差した活動で、お客様に安心と感動をお届けできる仲間が増えています。「昭和のでんき屋さん・あなたの街のでんき屋さんとして、お客様に愛される店づくりにつとめていきます」とライフテクト代表も務める山口さんは語ります。

企業データ

社名：株式会社ヤマグチ（株式会社ライフテクト）　代表者：山口勉
所在地：東京都町田市根岸1－12－5　創業年：1965年5月
主事業：家庭用電化製品や空調・住宅設備機器販売・住まいのリフォーム・健康商品販売
社員数：36名（男性：35名、女性：1名、パート5名含む）　最年長社員71歳・最年少社員27歳　社員の平均子供数1.67人

50 社員たちが自慢する社長　戦力外通告を受けるまで

株式会社横引シャッター（シャッターの設計・製造・施工及び販売／東京都足立区）

●会社の概要・特長

東京都足立区に横に引くシャッターを専門にした横引シャッターという町工場があります。駅の売店やデパートで、中を見せながら防犯するタイプや天井や床が開閉できる水平引きシャッターなど、他社が真似できない製品で独自路線の経営をしています。

「社長戦力外通告」とは、社長が社外に出て、社長にしかできない仕事をして、総務・経理・現場管理部門などの通常業務は、社長がいなくても問題がない会社にすることです。

社長しか知らない、社長じゃないとできない業務が多く発生している会社のままだと、社長にもしものことがあれば、社員や家族を路頭に迷わせてしまうリスクがあります。そんな会社であっては、社員は会社に本気で人生を賭けることはできません。社長が事業承継で学んだ経験を教訓としています。

●法定外福利厚生に関する基本的姿勢・運用

社長が好きな仲間と楽しく働けて、ビジネスでも成功することが理想です。社員は、楽しく信頼関係のある仲間であり、仲間に辛い思いをさせてまでビジネスで成功しても意味がありません。いつも笑顔で働ける職場を作りたい。まさに「企業は人なり」を実践していきます。

コロナ禍前は、暑気払い・忘年会・新年会を大きなイベントにしていました。しかしコロナ禍によりこれらのイベントを中止せざるを得ない状況になってから福利厚生に関して発想を転換することにしました。

社員の家族間であれば集まっていいなら、家族で楽しめる工夫をします。忘年会・新年会の代わりに正月を家族で楽しく過ごしてもらえるように家族全員分のおせち料理を会社で用意しました。暑気払いの代わりに焼肉・鰻などのお弁当を用意して、社員の家族全員に届けることができるよう配慮しています。社員1人ひとりにオーダーメイドのスーツを作成する費用を会社で用意して、スーツを使用しない社員には礼服なども選択できるようにするなど社員全員が納得できるようにしています。

コロナ禍により法定外の福利厚生は変化しましたが、新しいことを実施する上で意識していることは、会社が行うことが社員にとって当たり前になってはいけないという考えがあります。

それが当たり前でないと考える経営者と社員が対立する思考ではうまく機能しません。実行することが社員の望みに合っているかどうかを経営者が確認することを慣例にすることにしています。

【社訓】

商売（あきない）は、益を求めて商売（あきない）ならず
人喜んでこそ商売（あきない）なり

創業者である父・先代の想いを継承し、中小企業だからこそできる強みを活かした家族的経営により、社員も顧客も取引先も喜ぶ経営を目指しています。

●代表的・ユニークな法定外福利厚生制度

同社は、「お互い様の精神」でオーダーメイドの働き方を進めています。労働時間はシフトを複数提示して、社員の家庭の事情を考慮しながら、会社が許容できる範囲で社員自身が「一番楽しく長く働ける時間」を選んでもらうようにしています。実質的に定年をなくして90歳で昇給するなど「社員1人ひとりが自分に合った働き方ができる会社」として企業も社員も成長できる仕組みを目指しています。パートタイマーやアルバイト社員でも同じ仕事であれば、正社員と同じ賃金で働いてもらうことにしています。

●今後の横引シャッターの展望

今後は、社員自身だけでなく、社員の大切な家族、社員の大切な仲間・友人までに対象を広げて大切にできる環境づくりを検討しています。健康管理のために酸素カプセルを社員だけでなく、社員の家族や友人にも利用できるようにしています。

法定外の福利厚生を拡充させていくことによって、社長が社員に実施したい気持ちと社員が社長にやってもらって感謝できる関係を継続できるように心掛けていきます。

企業データ
社名：株式会社横引シャッター　代表取締役：市川慎次郎
所在地：東京都足立区綾瀬6－31－5　主事業：シャッター・テント・看板などの製造販売
創業年：1986年4月
社員数：33名（男性：26名、女性：7名）最年長社員80歳・最年少社員26歳

51　関わるすべての人に喜んでもらいたい

吉泉産業株式会社（食品加工機械メーカー／大阪府枚方市）

●会社の概要・特長

大阪府枚方市の郊外にある、文化学術研究都市「津田サイエンスヒルズ」。その一角に、「吉泉産業」があります。野菜や肉・魚などの食品をカットし、洗浄する食品加工機械における日本のトップメーカーです。

「吉」が「泉」のごとく湧くように、という願いを込めて名付けられたその会社は、１９５５年、歯車の熱処理業者としてスタートしました。その後、１９６５年に卓上のフードスライサー（ネギ切り機）を開発し、食品加工機械というニッチな業界に参入します。そして食品加工のニーズ拡大に合わせ、工場用フードスライサー等の開発製造という現在の事業スタイルに至ります。今年で創業67年を迎え、従業員１００名を超える成長企業です。

創業以来「ものづくり」にこだわる同社は、食品加工機械の業界には珍しく、開発・加工・販売・メンテナンスまですべて自社で行い、高い技術と製品開発で業界のシェアを伸ばしてきました。

食材の鮮度を保ちつつ美しく切る技術で、食品メーカーをはじめ、大手コンビニエンスストアやスーパーなどから絶大な支持を得ており、いまや人々の食生活に無くてはならない存在となっています。

ここまで同社が成長してきた理由の１つとして、人材活用や福利厚生に力を入れていることが挙げられます。女性や外国人を積極的に採用し、様々な取り組みを行った結果、現社長が就任した当時はまだ遠い夢であった売上10億円をはるかに上回り、直近の売上は20億円規模にまで拡大しました。

●法定外福利厚生に関する基本的姿勢・運用

1990年に就任した2代目の佐々木啓益社長は、「ものづくり」経営に加え、「吉泉産業に関わるすべての人に喜んでもらえるようになりたい」＝「いい会社にしたい」という思いを強く持っています。なかでも従業員を大切にすることが「人を大切にする」ことにつながると考え、給料はもちろんのこと、福利厚生面での充実・改善に取り組んできました。その成果として、有給休暇の取得率は2020年、2021年いずれも70％以上となっています。

特に充実を図っているのが、子育てに配慮した福利厚生です。例えば、出産の祝い金（第1子30万円、第2子40万円、第3子以降50万円）や、入学金補助（小学校、中学校、高校の各々の入学時に各20万円、大学入学時30万円、2021・2022年とも祝い金として総額270万円）を支給しています。さらに、子供が18歳になるまで、子供手当（毎月1万円）を支給するなど、従業員を大切にし、働き方改革、働きやすい環境づくりに取り組んでいます。

祝い金や補助金の支給だけではありません。居心地の良い場所づくりや食生活の手助けとして、2014年に社員食堂の「吉泉食堂」を設立、また地域社会への貢献を図るため、2018年には企業主導型保育園である「吉泉さくら保育園」を設立しています。

●代表的・ユニークな法定外福利厚生制度

働きたくても小さな子供がいるので働きに出られない。夫は仕事が忙しく育児に協力してくれない。保育所に入れたくても受け入れ先がない。昨今大きく取り上げられているこの問題に対し、社会の公器である企業として何か貢献できることはないだろうか?――吉泉産業が出した答えは、企業団地内への保育園の設置です。開園までには市の認可や運営のあり方についてなど、クリアすべき課題が多くありましたが、粘り強く交渉し、ついに2018年4月、「吉泉さくら保育園」を開園しました。会社のすぐ近くに保育園があることで、お子さんが体調不良になった場合でもすぐに駆け付けられるなど、子供を預けながら安心して働ける環境を整備しています。

保育園の周辺には桜の木を多く植えて、春になると辺りは桜色に染まり、園児たちのにぎやかな声が聞こえてきます。毎年クリスマスには佐々木社長自らがサンタクロースに扮し、プレゼントを渡して回ります。中にはサンタクロースの存在自体を知らない園児もいますが、園児の喜ぶ顔を見ることが何より嬉しい。毎年楽しみにしているんです、と佐々木社長は語ります。

社員食堂「吉泉食堂」は高台の枚方市内を一望できるところにあり、外のテラスは特等席になっています。食堂のシェフには、かつて割烹店を営んでいた調理人をスカウトしました。味や質にこだわったメニューは、社員はもちろん、近隣の住民や事業所の方にも好評で、お昼のピーク時間には満席になることもしばしばです。食堂のメニューはインスタグラムで公開しており、メニューを毎日確認することができます。またテラス席にはバーベキュー施設を併設し、社員同士やご家族との交流の場として活用されています。

●今後充実したい法定外福利厚生制度

「いい会社にしよう」の掛け声のもと、事業発展計画書を毎年更新して目標実現のための具現化をしています。福利厚生面では近隣の温浴施設、フィットネスクラブ、京都東山の宿泊施設の経営を引き受け、福利厚生として社員や社員の家族が利用できるようにするなど、さらなる充実と社内コミュニケーションの活性化を図っていきます。

企業データ

社名：吉泉産業株式会社（代表者：代表取締役　佐々木啓益）
所在地：大阪府枚方市津田山手2－1－1　主事業：食品加工機械の製造・販売　創立：1955年1月
社員数：108名（男性：88名、女性：20名）　最年長社員78歳・最年少社員22歳

52 「君たちがいて店がある」「スタッフ自身の幸せこそ、顧客満足の原点」

株式会社ヨシダ（宝石・めがね・時計・補聴器のヨシダ／福岡県北九州市）

●会社の概要・特長

北九州市門司地区で、めがねを購入する人の約半数が利用するという「めがねのヨシダ」は、現社長の吉田清春氏の曽祖父清一郎氏が、1885年に故郷の佐賀で開業した時計店に遡ります。1894年、当時九州最大の港湾都市だった門司に出店し、のちに門司が本拠地となりました。

地域に密着した「目に見えるサービスを」ということで、毎朝、開店時刻の10時前には吉田社長以下社員全員が店舗前に整列して、道行く人々に挨拶をしてから業務を始めます。お客様へのウェルカムドリンクには、マイセンなどの高級陶磁器を用いてサービスし、過去100年間、お札はすべてピン札をお客様に出しています。

また、急な雨の際には、お客様に傘を進呈しています。技術力・提案力の強さで商品を提供し、手厚いアフターサービスにより、多くの方に支持される「めがね屋さん」です。売上ノルマはありません。

社員の採用に当たっては、最終試験として、自分の両親の足を洗い、写真に撮り、感想文を提出することを義務付けています。家族を大切にすることは、お客様を大切にすることにつながる、という考え方からです。

吉田社長が2004年に旗振り役となって始めた門司地区内清掃の人の輪は、なんと人口の約2％、1700名まで広がり、同地区での犯罪率が82％も減少しました。

●法定外福利厚生に関する基本的姿勢・運用

吉田社長は、職住一体の環境で生まれ育ちました。1階が店舗、2階が住居です。祖父母、父母が一生懸命働き、喜び、つらい思いをするところを、目の当たりにして育ちました。職住一体ですから、父母が遅くまで働いていても、寂しい思いをすることはありませんでした。子供時代は、社員にも可愛がられ、社員は身近な存在でした。

父母が、ご両親を大事にする姿、社員を大切にする姿をずっと見て育ったので、家族を大切にする、社員を大切にする、という価値観が自然に身に付きました。「後を継げ」と言われたことはなく、自然に「後を継ぐ」という気持ちになりました。

そのような価値観は、2020年からのコロナ禍の時に吉田社長が取られた行動に反映されました。自分に都合の悪いことが起きた時は、「ありがとう」と言う。そのような考えでコロナ禍に取り組みました。来店するお客様の数が激減し、売上が60％も減少しましたが、最初に社長が決めたのは、「社員の年収を一円も減らさない」ということでした。

他には、①閉店時間を19時から18時半に早め、②メガネのアフターメンテナンスに力をいれ、③提案型営業を進め、④店を磨き、商品を磨き、「楽しい空間」作りをしました。⑤掃除などの地域貢献活動を積極的に行い、その輪を広げました。

この間、93歳で安らかに亡くなったお母様との大事なひと時をゆったりと過ごし、静かに見送ることもできました。

●代表的・ユニークな法定外福利厚生制度

誕生日には、「親孝行」休日を付与しています。自分の誕生日は自分を産んでくれた両親に感謝する日だという考え方です。そのおかげで、親が亡くなる直前に親孝行ができてよかった、という声が上がりました。

「公私平行」という考え方から、出張時には有給休暇を取って、「遊ぶこと」を奨励しています。楽しみ、見聞を広め、人の器が大きくなると考えています。生命保険は24時間、公私を問わず保障されています。病気で欠勤にもかかわらず保険金支給があり経済的に助かった、という社員の声が届いています。

●今後充実したい法定外福利厚生制度

今までも時代の変遷に合わせて積極的に福利厚生制度を充実させてきたので、これからも社員と話し合って決めていくとのことです。社員を大切にしながら地域貢献を続ける同社の考え方と活動は、多くの中小企業にとって有益な参考になると思います。

企業データ

社名：株式会社ヨシダ　本社：福岡県北九州市門司区中町1番21号　代表取締役社長：吉田清春
社長就任　2001年　社員数：15名（内訳：男性7名、女性8名。全員正社員）
最年長社員79歳　最年少社員23歳

53

一度退職した社員にも、「戻っておいで」

株式会社吉村（食品包装資材の企画、製造、販売／東京都品川区）

●会社の概要・特長

株式会社吉村の創業は1932年。日本茶の包装資材メーカーとして成長してきました。現在では日本茶のほかにも、海苔・健康食品などの食用品包装・パッケージを手掛けています。「商品の付加価値を高めるのはパッケージの役割である」という信念のもと、企画、デザイン、製造までを一貫して請け負っており、「パッケージパートナー」として業界では名の知れた会社です。

同社の取引先は非常にロングテールで、全国のお茶小売店をはじめ8000件の顧客を持ちます。大口顧客への依存度が低いのも同社が安定した業績を継続できている一因でもあります。

社員数は239名、正社員比率は100％です。定年は60歳ですが、引退された方が定年後も働けるように株式会社正雄舎という子会社を設立。こちらの会社は定年がなく70歳を過ぎても働けるため、実質定年無しの雇用を実現しています。

同社の特徴として、社員1人ひとりの当事者意識が高いことが挙げられますが、最初からそうであったわけではありません。2005年に橋本久美子現社長が就任後に実施した社員満足度調査では、予想に反して不満の意見が数多く上がってきました。

これにショックを受けた橋本社長は「このままではいけない」との思いで外部のワークショップに参加。そこで得た体験をもとに社員との対話を重ねたことで、社員の姿勢・企業風土が少しずつ変わっていきました。

こういったプロセスで改革できたのは橋本社長の人柄・度量によるところも大きいです。当事者意識を醸成する取り組みは常に続けています。

例えば、経営計画発表会には全社員が参加し、その運営は入社4年目の社員に任せます。また、経営理念・個人目標等が掲載された経営計画書（通称マル秘ノートと呼ばれる178頁の冊子）が毎年作成され、全社員がこの冊子を持っています。同書の内容の作成・編集にも入社10年目の社員が関わります。こういった経験を通して、社員の当事者意識が自然と育成されています。

●法定外福利厚生に関する基本的姿勢・運用

一般的に法定外福利制度というと「会社から与えられるもの」と受け取られがちですが、同社では社員が経営の当事者となり「社員満足度を上げるのも社員自身」という観点から制度を決めています。何か違和感を感じた社員がいればすぐにその声が上がり、より良い方向に向けての改善・修正が自然発生的に行われています。

●代表的・ユニークな法定外福利厚生制度

・ＭＯ（もどっておいで）制度

配偶者の転勤や介護などの理由で退職した社員がもとの職位で復職できる制度です。これは実際にある社員が出産のため退職し、1年後に復帰したことがきっかけでできました。この制度ができる前は、出産退職した社員が戻ってくることは皆無でした。

会社としては「戦力である社員には戻ってきてほしい」。一方、ライフイベントのために止む無く退職した社員としては「いつか戻りたい」……そういった状況で復職するハードルを下げるためにＭＯ制度は作られました。これを皮切りに復帰した社員が中心となり、「つわり休暇制度（診断書不要で休暇を取得）」、「第2子が小学3年生まで使える育児短時間勤務制度」などが社員自らの発案で導入されています。

・ドリームジャンボ休暇

毎年抽選で選ばれる特別休暇制度です。1等から3等まであり、1等賞は10日間連続休暇が得られるだけでなく20万円が支給されます。その賞金の使い道は「自分への投資」として社内報で記事を書くことだけが決められていて、原則自由です。実はこの制度、様々な目論見があって作られたもので、単に休暇を取るだけでなく社員のマルチタスク化にもつながっています。どの社員も仕事がある手前、長期の休暇は取れないという抵抗感が漠然とありました。しかし、「特定の人しかできない仕事があるのが問題」という意識を社員が自然に持ち始め、マルチタスク人材を増やすきっかけになりました。

●今後充実したい法定外福利厚生制度

制度については、あくまでも社員自身が経営の当事者目線を持ち、どういう制度があると会社と社員が良くなるかを考えつつ、これからも必要に応じて法定外福利制度を整えていく考えです。

企業データ
社名：株式会社吉村　本社　東京都品川区戸越４－７－15
代表取締役社長：橋本久美子
創業年：１９３２年７月
社員数：２３９名（男性１２１名、女性１１８名）
最年長社員73歳（正雄舎含む）・最年少社員18歳

54

家庭の問題を会社へ持ってきていいよ

ル・クログループ（株式会社クロフーディング・一般社団法人ＦＵＫＵＲＯ／ユニバーサルレストラン／大阪府大阪市、一般社団法人ＳＤＧｓ ＬＡＢＯ／リゾート宿泊業／大阪府貝塚市）

●会社の概要・特長

大阪にル・クログループが運営するフレンチのユニバーサルレストランがあります。「グループのスタッフ95名のうち45名は障がい者です。フランス料理は多様性、ユニバーサル（万人共通）に適していて食材の仕込みは多様性があってもできます。料理をお客様に出すスタッフに障がいがあっても、味は変わりません」と創業者であるオーナーシェフ・黒岩功さんは言います。

ル・クログループは、株式会社クロフーディングとして、2000年、大阪はミナミ、西心斎橋の路地裏にフレンチレストランの1号店をオープン。2022年現在、日本、フランス（パリ）に5店舗展開する飲食業のほか、ウェディング事業等を運営しています。

一般社団法人FUKUROとして、ル・クロラボ京都（障がい者福祉就労移行支援事業所）、バリューラボ・フクロウ（就労移行支援・就労継続支援A型）、ル・クッカー（放課後等デイサービス）等、福祉事業を運営しています。

一般社団法人SDGs LABOとして、大阪は貝塚、かいづかいぶきヴィレッジのナチュラルリゾート施設において、福祉や飲食事業、SDGsリゾートのプロデュースや運営をしています。

●法定外福利厚生に関する基本的姿勢・運用

同社の理念は、「ユニバーサルで働く喜びを創出し、お客様の喜びを創る事が我々の喜びである。」です。黒岩さんは「障がい者に働く夢を。将来やりたいことを見つけ、希望をかなえてもらう。あなたはあなたのままでいいんだから大丈夫だよ。と言い続けられるように応援をしていきたい」と言います。

レストランで働くキャストのAさんは、発達障がいのある女性です。黒岩さんは、早くからAさんのお菓子作りの才能に気づいていました。ある時、猫好きの新郎新婦からウェディングケーキに飾る猫のお菓子のリクエストがありました。

黒岩さんは、お菓子作りの自信を持ってもらうため、Aさんに猫のお菓子作りを任せます。完成後、Aさんは、新郎新婦の喜ぶ姿を間近で見て、新たなお菓子作りを目指そうと目標を立てました。

大切なことは、制度ではなく1人ひとりの個性を発揮し、活躍できるようにするためには、どうしたらいいかを考えることです。それぞれの状況が異なるため制度を設けることで、制度に当てはまらないケースが発生してしまい、本来の目的とズレが生じてしまうからです。

このため同社では、スタッフさんの働く環境整備、スタッフさんとそのご家族が喜ばれることを起点に法定外福利制度を設けています。その一例として、スタッフさんの誕生日には、ご家族を含めて同社のレストランへの食事券、体験型リゾート宿泊施設への宿泊券をプレゼントします。

●代表的・ユニークな法定外福利厚生制度

一般的には、社員の家庭の諸問題を企業に持ち込むことはできませんし、しません。しかしながら、同社は、このことを重視しており、働くメンバーのプライベートに目を向けて「家庭の問題を会社へ持ってきていいよ」が、企業風土になっているのです。あるスタッフさんから「子供が学校へ行きたくないと言っています。一緒に出社してもいいですか?」と相談があった場合には、お子様と一緒に出社することができます。

スタッフのBさんの場合、ご主人からDV（家庭内暴力）を受けても経済的な理由で離婚はできないと思い込んでいました。その事情を知った同社のスタッフは、「Bさんの表情を明るくしたい」との思いから全社員で話し合い、経済的な自立を手助けしようと正社員への道を開きました。

同社が制度よりも大切にしていることは「お互い様風土」の醸成です。

●今後のル・クログループの展望

黒岩さんは、「障がいのある人、ない人が一緒に働くことで、その人のありのままを受け入れて、人間の尊厳を守りながら、お互いに夢を実現していきます。ユニバーサルカフェ、ユニバーサルレストランが当たり前にある世の中にしていきたい。共に働く仲間の経済的な自立を目指して、新しい福祉の形が広がるように挑戦を続けていきます」と熱く語ります。

企業データ

社名：ル・クログループ（株式会社クロフーディング・一般社団法人FUKURO・一般社団法人SDGs LABO）

代表者：黒岩功
所在地：大阪府大阪市中央区西心斎橋2－3－22　主事業：飲食業（フレンチレストラン）　創業年：2000年
グループ従業員数（パートスタッフを含む）：95名（障がい者45名）　男性40名　女性55名

55　こころのなかまでイキイキと。「口に入っても心配のない化粧品」

株式会社ルバンシュ（製造業／石川県能美市）

●会社の概要・特長

こころのなかまでイキイキと。ルバンシュは、お客様のこころへまごころを届けます。ルバンシュは、心でつながる仲間が集います。「この経営理念は創業20周年に社員が考えてくれました」と創業者の千田社長は嬉しそうに教えてくれました。

手取川からほど近い丘陵地にある同社は、創業33年目の化粧品メーカーです。「口に入っても心配のない化粧品」を原点に、人にも自然環境にもやさしい製品の研究・開発、新鮮な商品を少ロットで丁寧に製造、直接お客様へお届けする通信販売を主に行っています。

10年前、妥協せず納得のいく開発と工場勤務社員の残業を減らすために、全売上高の60％を占めていた大手通販雑誌依頼の新規開発を断る決断もしました。働く環境にも配慮し、自然豊かな景色を楽しめる大きな窓があるクリーンルームで品質管理を徹底して作られています。

代表作は、ニンジンや大豆など食用成分100％のリップクリームです。また、UV対策の重要性を訴え、簡単に塗れるスティックタイプの日焼け止めや、大容量ポンプ容器の日焼け止め乳液も人気です。自然に恵まれた地域性を生かし、石川県素材を取り入れた製品づくりにも注力しています。地元の九谷焼作家4人によるデザインボトルが特長の「ゆずのハンドソープ」は、能美市特産品のゆずから香り成分を抽出した数量限定品で、大変な人気商品です。「地域のお店の利益になれば嬉しい」と能美市限定販売を続けます。

地域の資源や人を大切に、同社にしかできない化粧品作りを通して、社員やその家族そしてお客様の幸せを創出し、こころと肌のしあわせを実感いただくために安心を創り続けています。

●法定外福利厚生に関する基本的姿勢・運用

雇用を守るために企業を継続させること。そのために、社員の働きがいと新商品の開発、理想実現のための財務内容の健全性を大事にしています。また、いわゆるガラス張り経営を実践しており、決算書の開示や経営情報の共有、賃金や処遇に対する納得性から経営者や上司への信頼感が高まり、社員のモチベーションを高めています。

法定外福利厚生は、「社員みんなが平等に喜べるような制度を導入したい」と、社長自らアンテナを張って情報収集をしています。また、一部の社員のみが優遇されるような制度にならないないよう注意しています。

●代表的・ユニークな法定外福利厚生制度

3つ、ご紹介します。

①　永年勤続制度　勤続年数10年で10万円分、20年で20万円分、30年で30万円分の旅行券を渡しています。旅行券使用には有効期限があり、1年以内に長期休暇を取得する必要があります。勤続年数の長い上司ほど長い有給休暇を取得するので、若手社員が有給休暇を取得することにも寛容になります。

②　お花見昼食会　毎年4月第2土曜日に会社敷地内で開催しています。社員の家族も参加し、会社見学やゲームをして親睦を深めます。年に一度の社員とその家族が会社と心を通わせるとても貴重なイベントです。ある年、初めて雇用した障がい者の「佐藤君」の親御さんも参加してくれました。障がいを持つ息子の働く姿を心配する中、女性が多い職場の中で「シュガー君」という愛称でみんなに頼りにされている姿を見て、アットホームな職場だと安心してくれました。

③　卒業祝い　新入社員が大学を卒業する時には実家に1万円のアレンジ花を贈っています。アレンジ花を受け取った親御さんは、これからお子さんが働く会社への安心感が増します。

●今後充実したい法定外福利厚生制度

　コロナ禍の中で新たに加えた福利厚生があります。万が一、コロナの影響で会社の売上が0円になっても半年は雇用を守れると伝えた上で、さらに安心して働いてもらうために、費用補填で300万円が保険会社から直接社員の口座に振り込まれるガン保険に入りました。デリケートな内容を会社に報告することなく、社員と保険会社が直接細かいやり取りをできるので女性特有の病気でも安心して請求できます。がん以外の病気でも50万円受け取れます。女性が多く、既婚と未婚が混在する職場の中で、社員の未来を考えて工夫を凝らし、みんなが平等に喜んでほしいと話す千田社長の想いが、制度となって社内に浸透しています。

企業データ

社名：株式会社ルバンシュ　代表者：代表取締役　千田和弘　所在地：石川県能美市旭台2丁目5番地3
主事業：化粧品及び医薬部外品の製造、販売　創業年：1990年
社員数：13名（男性：3名、女性：10名）最年長社員63歳・最年少社員24歳

56 会社が好きなら辞めなくてもいい方法を探す

株式会社ワイズ・インフィニティ（翻訳事業／東京都港区）

●会社の概要・特長

東京都港区に映像翻訳（字幕翻訳・放送翻訳）などを主事業として50言語以上に対応する翻訳会社があります。翻訳業界の中でも映像翻訳を扱う会社はまだ少なく、映像翻訳の業界でのシェア・認知度はトップクラスです。主な事業としてはＤＶＤやインターネットで配信されているドラマや映画の翻訳です。

放送局の仕事も多く、情報番組でウクライナのゼレンスキー大統領のスピーチを翻訳し日本語字幕にし、視聴者にお伝えするのも同社の仕事の一部です。

翻訳の仕事は24時間３６５日仕事が入ってくる可能性があり、これらの仕事は社員だけでは対応できず、コールセンターと約７００名の登録翻訳者たちに支えられて活動しています。

同社は、２０００年2月、東京の渋谷区に開業。翻訳者養成のためのスクールも東京・名古屋・大阪で展開しています。翻訳と一言で言っても「放送翻訳」「字幕・吹き替え翻訳」「文書翻訳」など様々な翻訳があり、同社ではそのすべてで50言語以上の言語に対応しています。翻訳スクールでは卒業後に同社の仕事をする翻訳者もいて、東京本社のエントランスには卒業生が手掛けた映画作品などが紹介されています。またアメリカンコミックや絵本の出版事業も2019年から取り組んでいます。

●法定外福利厚生に関する基本的姿勢・運用

同社の理念は【私たちは、ここに集うすべての「知恵（ワイズ）」を駆使し、「無限大（インフィニティ）」の可能性を引き出し合い「愛ある経営」を実践し、消費者・取引先・社員・社会に貢献します】です。

「新型コロナウイルスの影響で在宅勤務が当たり前になるより前の2017年頃から、介護やパートナーの転勤、出産など様々な理由で同じ働き方が困難になった時、そのまま会社を辞めるのではなく、どうしたら辞めなくてもいいかを皆で知恵を出し、働く場所（在宅勤務制度）、時間（時短勤務）など、前例のない働き方の多様化を推進し、今では鹿児島県や大阪府でも同じ仕事を続けられる環境を作り出すことができた」と代表の山下さんは言います。

同社では社長の考えを発信するトップダウン型の経営ではなく、社員自らが考えて知恵を出し行動する「自走する社員」が、多様な働き方で活躍しています。鹿児島県与論島へ移住したいという社員が出たら、与論島で働ける環境を作り、週に5日出社できなくなった社員でも正社員のまま活躍しています。

社長が「これをやりなさい」とは余程のことがなければ言いません。数多くある福利厚生制度や様々な取り組みも社員が考え、作り出された制度が多いといいます。在宅勤務や時短勤務者が増えるとどうしてもコミュニケーションが希薄になりがちですが、オンラインでの朝礼、夕礼を毎日行い、社員の意思統一は欠かしません。「拡大よりも社員とその家族を守ることが私の責任です」と山下さんは言います。

●代表的・ユニークな法定外福利厚生制度

同社にはユニークな映画鑑賞サポートという制度があります。映画館での映画鑑賞1本につき1000円＋パンフレット代を支給するという制度です。翻訳の仕事をするためにはその国の文化をよく理解することが必要不可欠なため、映画を通じて日本文化および外国文化への理解を深め、見識を広めるための制度です。同制度は社内で様々な映画の情報を共有できるように1作品1名に限って補助しています。

他にはシエスタタイムという、所定の休憩時間以外に20分を限度に自席や休憩室で昼寝ができる制度があります。自席とは別にマッサージチェアが用意されている部屋で心身ともに休むことができ、オフィスグリコという会社負担のお菓子で胃袋を満足させて効率アップできる環境も整っています。

誕生日休暇は本人の誕生日ではなく、配偶者や家族を祝うために使用することも可能です。

日頃の感謝の気持ちを込めて、一日尽くす日として使用してほしいと言います。

●今後充実したい法定外福利厚生制度

「私がこれをやりなさいと言うことは基本的にないので、自由に意見しやすい環境を作れば、社員たちが自分で考え知恵を出し、社員が辞めなくてもいい方法や働きやすい環境を作ってくれると思います」と山下さんは優しく語ります。

企業データ

社名：株式会社ワイズ・インフィニティ　代表者：山下奈々子　共同代表：小林雅人
所在地：東京都港区赤坂2－1－10－9　ラウンドクロス赤坂2階　主事業：映像翻訳　創業年：2000年2月
社員数：27名（正社員20名、契約社員7名）　最年長社員60歳・最年少社員24歳

第3章

法定外福利の効果的導入と運用の7つのポイント

社員と社員を支える家族の幸せを心底念じた福利厚生制度の存在は、社員とその家族の愛社心を一段と高め、結果として企業の業績を高めることは明白です。

それもそのはず、社員と家族の満足度や、働きがい・働きやすさを向上させれば、社員や家族は「ここまで私たちの幸せを考え経営をしてくれているのか」と、感動・感嘆・感銘し、顧客価値をはじめ価値ある仕事を、日常的かつ継続的にしてくれるからです。

とはいえ、自社の企業経営の考え方や進め方を大して変えず、ただ流行だからとか、他社がやっているからといって、安直に福利厚生制度の導入や、その充実強化を図るのは早計です。それどころか、逆効果の場合もあります。

というのは、どんな企業にも様々な考えを持った社員がおり、また、良し悪しは別として、その企業独自の社風といったものが存在しているからです。

それを無視・軽視し、良かれと思い導入しても、その制度が、ほとんど社員やその家族に利活用されず、形骸化してしまうからです。つまり、他社では効果的だったかもしれませんが、自社では合わない、あるいは時期尚早というケースもあるからです。

ここでは、本書で取り上げた企業事例を踏まえ、真に社員とその家族のためになる福利厚生制度の導入と運用についての基本的視点を、７点に絞り述べてみます。

1. 正しい経営の実践

すべての活動には、目的と手段、そして結果の3つがあります。この3つの中で最も重要なことは「何のために」「誰のために」といった目的です。言うまでもなく、企業経営の目的は、関係する人々の永遠の幸せの追求・実現です。業績や企業の成長発展も重要ですが、それは目的として重要なわけではなく、目的である関係する人々の幸せの実現のための手段や結果として重要なのです。

しかしながら、企業経営の目的実現のための手段あるいは結果に過ぎない業績を、まるで目的と考えたような、企業がいまだ多くあります。

業績を目的と評価位置付けると、社員は、そのための手段、つまり「コスト」「原材料」と評価位置付けられてしまいます。

感情のある人間社員を、業績向上のためのコスト・原材料と評価位置付けたような経営をすれば、社員の組織愛は低下してしまうばかりか、組織や経営者に対する不信感が増長し、企業の業績を高めようとはしないと思います。

こんな考えで経営をしていたならば、どんなユニークな、また社員やその家族のためになりそうな福利厚生制度を導入したとしても、社員の働きがいやそのモチベーションを高めることはないと思います。

ですから、福利厚生制度の導入や充実強化を検討する前に、まずは、基本的前提として、正しい経営を実践しなければなりません。

正しい経営とは、「お天道様に顔向けのできる経営」「神様にご褒美をいただける経営」「世のため人のためになる経営」「社員やその家族が幸せを実感する経営」のことです。

2．社員とその家族をはじめとする関係する人々の幸せのための福利厚生制度

新たな福利厚生制度の導入や既存の福利厚生制度の充実強化を、企業の業績向上の手段として考えてはいけません。

業績向上を目的にしたかのような、まるでアメとムチのような福利厚生制度が、社員とその家族から高い評価を受けるはずがないからです。人の欲求は、今や「自己実現の欲求」を超えた第６段階の欲求である「自己超越欲求」つまり、「他人の幸せの実現欲求」なのです。

ともあれ、そもそも福利厚生制度は、社員とその家族の幸せを追求・実現するための基本的インフラであり、その導入や充実強化に社員の見返りを求めてはなりません。

また何をやるかも、経営者が勝手に決めるのではなく、社員とその家族とトコトン相談し、社員とその家族にとって、真にいいと思うことを、できることから順次実施していけばよいのです。

その視点は、自分が社員、あるいはその家族であったならば、「どうしてほしいか」「どういう制度があったほうがより良い生活を送ることができるのか」といった社員の視点で、導入・充実強化するべきです。

その意味では真の福利厚生制度は「無償の愛」のようなものと思います。

3．血の通った制度と企業風土がより重要

福利厚生制度というと、新しい制度の導入や既存の福利厚生制度の充実強化と考える経営者が少なからずいますが、それは誤解・錯覚です。

いくらいいと思われる制度が存在していたとしても、それが大して利活用されていないなら

ば、それは無きに等しいからです。

つまり、制度があるということと、それが十分利活用されているか否かは、別問題なのです。制度があるにもかかわらず、それが十分利活用されていない企業の問題は、1で述べた「正しい経営の実践」が十分行われていない理由に加え、あと2つあると思います。

1つは、制度に様々な条件が付いており、利活用しづらいという理由です。本書のケースでも取り上げましたが、年次有給休暇の取得もその一例です。

多くの企業では、1日単位ではなく半日単位も認めるようになってきてはいますが、実際の取得率は60％前後に過ぎません。

その理由は、女性、とりわけ子育て中の女性社員や、障がいのある家族、あるいは介護が必要な家族等と暮らす社員への気配りが不足しているからです。

というのは、子供の送迎や家族の用事で、わずか1時間程度、職場を離れなければならないケースにおいても、半日もしくは1日の有給休暇を申請しなければならないからです。

こんなことをしていたら、関係する社員は何日有給休暇があったとしても、到底足りないと思います。

その解決は簡単です。時間単位での有給休暇を認めればいいのです。私たちがよく知るS社では、1時間にも満たない短時間の退社であるならば、「チームメンバーが知っていればいい」

と、有給休暇を申請させない企業もあります。

せっかく制度が存在しているにもかかわらず、十分利活用されていないもう1つの理由は、企業の組織風土に関する問題です。

その制度を「取得するのが当然」といった社風や、「お互い様」といった人間関係が醸成されていなければ、精神的に制度の利活用をためらうからです。

本書でも事例として取り上げた社員第一主義を高らかに掲げた経営を実践している企業が大阪にあります。同社はまるで家族のような経営が行われており、周りにいる同僚や上司のほうから、該当する制度の利活用を、まるで自分事のように機会あるごとに勧めているのです。

制度を下支えしているのは風土であり、「いい風土無くしていい制度無し」と言っても過言ではありません。

4. 全体対応よりは個別対応

福利厚生制度は、該当する社員やその家族であれば、誰でも平等に利活用できるのが基本です。

しかしながら、様々な理由で制度に当てはまらない社員やその家族もいます。その場合、新たな制度を創設するのではなく、その社員やその家族にスポットライトが当たるような運用、つまり個別対応をすればいいと思います。

というのは、社員やその家族は様々なバックグラウンドの中で生活をしており、当然のこととして、企業に求める福利厚生制度に関する欲求も、千差万別です。

こうした中で、全社員や多数の社員とその家族に該当する制度や、その平均値に合わせたような福利厚生制度を創設・充実強化したとしても、真にその制度を求める社員とその家族には利活用できないケースが発生してしまうからです。

こうした場合は、新たな制度の創設をするのではなく、それを求めている社員やその家族に事情をよく聞き、制度化するのではなく、個別対応にすればいいのです。

例外的なケースに応じて制度を変えたり、新たに導入をしようとすると、制度が逆に煩雑になってしまうばかりか、制度だらけに陥ってしまうからです。

長野県のＳ社の事例を少し紹介します。社員数70名の製造業です。社員さんの１人が、病気となり入院・治療が必要となりました。その期間は３か月間に及びました。その社員さんは有給休暇が40日あったのですが、到底、足りません。Ｓ社の社員さんは相談し、１人１日ずつ、計70日の有給休暇をＳさんにプレゼントしたのです。

もしそれでも足りなければ、もう1日ずつプレゼントしようと話し合いました。こんなことは制度にはありません。個別対応をしたのです。

5. 仲間意識を高める福利厚生制度

組織の生産性は、本来、足し算どころか、掛け算のはずですが、多くの組織のそれは、掛け算どころか引き算といった生産性です。

組織の誰かが困っていたり、助けを求めているにもかかわらず、見て見ぬふりをしたり、積極的に手を差し伸べないのです。加えて言えば、個人主義が横行し、大切な組織の仲間を思いやる気持ちが不十分なのです。

それどころか、誠実に仕事に取り組む社員を、陰で誹謗中傷したり、孤立させるようなことを平然と行う社員もいます。こんなことを日常的にされたら、誠実な社員は爪を隠すどころか、企業を去ってしまうと思います。

企業経営は、本来個人戦ではなく団体戦・チーム戦なのですが、こうした企業においては、行き過ぎた個人主義・他責主義がはびこり、仲間意識が著しく欠落してしまっているのです。

これでは、組織の生産性は上がるはずがありません。それどころか、こんな経営では、顧客に支持されなくなってしまい、やがて哀れな幕切れを迎えることになってしまいます。

そうならないためにも、仲間意識が飛躍的に高まるような経営が必要不可欠なのです。事実、長期にわたり安定的に好業績を実現している企業は、社員同士が、また社員と経営幹部や経営者とが実に仲が良いという共通した特長があるのです。

そのためには、情報の共有化はもとより、社員同士の飲みニケーションの金銭的支援や、社内クラブ活動の支援、さらには様々な社内イベントの開催等も、仲間意識を高める上で効果的と思います。

6．社員とその家族の絆を深める福利厚生制度

これまで福利厚生制度というと、その中心は社員であり、家族はどちらかというと対象外でした。

しかしながら、これからの福利厚生制度は、社員の家族に対するものや、社員とその家族の絆が一段と深まるような制度が必要と思います。

というのは、どんな社員もそうですが、家族の物心両面での支援・協力無くして、価値ある仕事を継続して行うことは困難だからです。

家族の支援が十分得られないばかりか、家庭内にギスギス感がはびこる状態で出社したとしても、企業の同僚はもとより顧客に対しても、良い影響を与えるとは到底思えないからです。

社員の家族が、社員の最大の理解者であり協力者であることを踏まえれば、「社員の家族も企業の家族」と評価位置付けた福利厚生制度の導入・充実強化が必要かつ重要なのです。

その方向は、社員の家族に対する直接的な福利厚生制度や、社員とその家族の関係性・絆が、一層深まるような福利厚生制度の導入・充実強化です。

例えば、本書でも紹介しましたが、社員の家族の「誕生日のお祝い」や、年間1回程度でよいと思いますが、「家族感謝手当」「親孝行手当」、さらには新入社員への「里帰り手当」の支給等も社員はもとより、その家族も喜ぶと思います。

本書でも紹介した浜松市のM社は、社員はもとよりですが、社員の大切な家族の人間ドック経費も企業が全額負担しています。

これまた本書でも紹介した多くの会社では、企業主催の様々なイベントに家族を無償で招待しています。

こうした福利厚生制度の提供を受けた社員やその家族は、間違いなくその絆を深めるに違いありません。そして、結果として社員とその家族の愛社心は、一層深まると思います。

7. 金銭よりも心安らぐ福利厚生制度

新しい福利厚生制度の導入や、既存の福利厚生制度の充実強化というと、一般的にモノや金銭面から考えてしまいます。そして、多くの中小企業では、「自社にはそんな余裕はない」と考え、なかなか前に進めないのです。

しかしながら、こうした考え方は間違っていると思います。というのは、より重要なことは、社員とその家族のお腹ではなく「心を満たす」ような経営の仕方、福利厚生制度の充実強化のほうが、はるかに必要かつ重要だからです。

例えば、企業の業績が大幅に低下すると、業績重視の多くの企業では、何ら罪のない多くの社員をリストラし、路頭に迷わせます。また忙しくなると、千載一遇のチャンスとか顧客優先とばかり、日常的に長時間残業を強いる企業もあります。

さらに言えば、多くの社員は現場で油まみれ・泥だらけになりながら懸命に仕事をしているのに、ほとんど現場に出ず、居心地の良い社長室に陣取っている経営者も少なからずいます。

こうした経営をしている企業では、どんなにユニークな福利厚生制度を導入したとしても、それはその場限りで、多くの社員の企業に対する信頼や愛社心などは醸成されることはありません。

金銭の福利厚生制度よりもはるかに重要な福利厚生制度は、心安らぐような福利厚生制度なのです。

具体的に言えば、「私たちの企業は、どんな状況になっても雇用を守ってくれる」とか「経営者は、毎日私たちに温かい声をかけ、家族のことまで心配してくれている」といった、心安らぐリーダーシップの実践です。

巻末資料　法定外福利厚生制度12カテゴリー別一覧リスト

今回取材に応じていただいた企業様から、現在導入されている主な法定外福利厚生制度一覧を頂きました。

紙面の関係上、それら全てをご紹介しきれませんでしたが、本文に記載されている制度と併せて、「内容別」に12区分してリストにしました。

また、他の企業様が実際に取り入れられている制度で、ご参考にしていただきたい制度もご紹介しました。

法定外福利厚生の内容別	番号	制　度
1．結婚・出産・子育て・介護	1	パートナー制度：同性パートナーを承認（＝慶弔休暇、慶弔金支払い対象）
	2	独身者のお見合い応援金支給
	3	結婚祝い金の支給
	4	不妊治療費補助制度
	5	出産祝い金
	6	産休手当の支給
	7	マタニティ短時間勤務
	8	マタニティ休業
	9	配偶者の出産時特別休暇制度
	10	法定以上の育児休暇制度
	11	育児時短勤務者のガイドライン
	12	子育てしながらキャリアアップ支援
	13	子育て応援サークル
	14	子連れ出勤制度・ファミリースペース
	15	ベビーシッター制度
	16	社内保育園
	17	保育園負担補助
	18	サンキュー手当（育児休業後復帰する社員に）
	19	家族手当（子ども手当含む）の高額支給

法定外福利厚生の内容別	番号	制　　度
	20	入学、就職祝い金の支給
	21	子の看護休暇（有給）
	22	子女の習い事・塾代補助
	23	ペット同伴制度（結婚・子育て・介護）
	24	法定以上の介護休暇制度
2．家族対象	25	内定者親御様向け会社説明会
	26	内定者卒業時に実家に１万円のアレンジメントを贈呈
	27	入社式に両親を招待
	28	家族工場、会社見学会
	29	社員の家族のメモリアルデイ（誕生日等）のお祝い
	30	親孝行手当の支給
	31	家族の健康診断・検査・人間ドック経費の負担、補助
	32	家族感謝手当
	33	季節の祝いの日等の物品プレゼント
	34	社員へのお中元、お歳暮（会社宛てお歳暮の還元含む）
	35	家族招待旅行（社員旅行に家族も招待）
	36	家族参加のイベント（社員に加え家族も招待：忘年会、スポーツ大会、食事会等）
	37	家族の日（毎年10月時短、家族外食費負担）
	38	遺児支援金の支給
3．人事制度	39	原則無期雇用
	40	定年延長雇用（75歳、80歳など）
	41	実質定年無し
	42	MO 制度（退職した社員がもとの職位で復帰できる制度）
	43	単身赴任はさせない
	44	通勤手当：全額、高額、変動交通費制度等
	45	決算賞与の全社員均一支給
	46	一定以上の利益は全額社員に還元
4．働き方改革	47	入社日から有給休暇の取得
	48	有給休暇の取得奨励
	49	直行直帰制度

法定外福利厚生の内容別	番号	制　度
	50	ノー残業デー
	51	プレミアムフライデー
	52	多様な働き方の用意
	53	時間有給休暇制度
	54	在宅勤務制度、手当
	55	長期リフレッシュ休暇
	56	メモリアル休暇制度、特徴的な特別休暇（結婚休暇、転勤休暇、生理休暇等　多数）
	57	有休休暇の相互利用、積み立て保存
	58	サポート有給休暇制度（過去失効した休暇復活）
	59	有給休暇の積み立て保存（法定以上）
	60	副業制度
	61	デバイス手当
	62	シエスタタイム（休憩時間以外に20分昼寝可）
	63	週休三日制
	64	ロボット、IOT の積極的導入
	65	毎週一日は１時間短縮勤務
	66	土曜日や日曜日をあえて休業（小売業）
	67	短時間（１時間程度以内）の私用外出は口頭のみ
	68	マッサージ手当の支給
５．人財育成	69	メンター制度、ブラザー・シスター制度
	70	資格取得支援金制度
	71	資格手当の支給
	72	資格取得表彰
	73	読書手当、図書買取
	74	図書貸し出し、無償配布制度
	75	大学、大学院進学支援制度（奨学手当含む）
	76	海外留学支援制度
	77	社内研修
	78	海外研修会
	79	外部セミナー受講費負担、自己研鑽支援制度

法定外福利厚生の内容別	番号	制　度
	80	自己啓発休職制度
	81	語学手当
	82	LGBTQ セミナー
	83	映画鑑賞サポート
	84	QC サークル
	85	年明け披露会（修行を終えた年期明けお披露目）
	86	個人面談手当（一対一面談をすると支給）
6．設備	87	全施設にエアコン設置
	88	快適な休憩室、リフレッシュ施設、リフレッシュ制度
	89	快適な社員食堂
	90	社員食堂の椅子は特注かつ、退職時自宅に持ち帰り
	91	業務車両や椅子は平均より高級
	92	浴室、シャワー室
	93	仮眠室
	94	保養所施設
	95	お菓子バスケット、オフィスグリコ等
7．安全・健康	96	社員の健康診断、検査、人間ドック経費 負担、補助
	97	セカンドオピニオン紹介
	98	パーソナルヘルス相談会
	99	健康講座の開催
	100	インフルエンザ予防接種費の負担、補助
	101	マスク支給　抗原キット配布　等
	102	家庭用常備薬購入あっせん
	103	遠隔医療アプリ（24時間365日スマホで医師に相談）
	104	禁煙手当
	105	コロナ支援金
	106	胃腸薬配布
	107	防災セット配布：社員と協力会社
8．生活	108	法定内福利厚生費用の法人負担
	109	アウトソーシング型福利厚生サービス
	110	物価高騰特別手当

法定外福利厚生の内容別	番号	制　　度
	111	生命保険（死亡保険・がん保険など）等への加入
	112	長期療養者支援金の支給
	113	社内預金制度
	114	養老保険の補助
	115	財形貯蓄制度、その支援
	116	住宅費の支援
	117	社員住宅、家族住宅
	118	休職手当の満額支給
	119	服飾費の現金、現物支給
	120	昼食代の法人負担、補助
	121	社員帰郷旅費、新入社員里帰り手当の支給
	122	奨学金返済支援制度
	123	入院見舞い制度
	124	災害見舞
	125	家族慶弔金
	126	会社設備の貸し出し（社用車、農機具、BBQ グリルレンタルなど）
	127	家電製品購入支援
	128	ビジネスエリア内への引っ越し代を負担
	129	各種融資（低金利）
	130	社員販売制度（卸値同等価格での販売）
	131	法人生産の果物の無償提供
9．チームワーク	132	社員持ち株会
	133	社員旅行
	134	社員旅行に協力会社を招待
	135	社員参加イベント（忘年会、スポーツ大会、食事会、くじ引き、コンテスト等）
	136	社員同士の食事会補助
	137	社員のメモリアルデイ（誕生日等）のお祝い
	138	花一輪プレゼント（誕生日に他の社員が花一輪ずつプレゼント）
	139	クラブ活動の支援

法定外福利厚生の内容別	番号	制　　度
	140	給与や賞与支給明細に社長の手紙、メッセージカード
	141	旅行手当、社内旅行積立支援
	142	レクレーション賞
	143	レクレーション費用補助
	144	委員会制度
	145	社員文集
	146	ミツバチの日感謝報恩デー
10. 社員表彰、報奨金制度	147	長期勤続表彰、慰労金（品）の支給
	148	社員表彰制度（6泊8日のアメリカ視察の例もあり）
	149	KPI、目標達成率に準じた現金支給（UP & GET など）、報奨金制度
	150	理念行動推奨制度
	151	改善提案報奨金
	152	皆勤手当
11. 退職後の生活	153	ライフプラン研修
	154	退職金制度、確定拠出年金、共済会制度
	155	管理者ポイント制度（退職時に上乗せ）
12. 地域貢献	156	ボランティア休暇、手当
	157	イベント企画への補助金（カフェ運営）
	158	時間貸しレンタルスペース、キッチン付きミニセミナールーム設置 など
	159	地域貢献（消防団への協力支援、ヘアカットなど）
	160	社外交流窓口　社会に開かれた質の高い交流
	161	人を大切にする経営学会活動の支援

人を大切にする経営学会主催　中小企業人本経営（ＥＭＢＡ）プログラム

執筆者一覧

坂本　光司　人を大切にする経営学会　会長
荒木　康史　ＩＭＭ・ｚｅｒｏ株式会社　代表取締役
有賀　公哉　株式会社共同　代表取締役社長
石川　亮太　株式会社さくら住宅　設計部　課長
石原　伊知郎　株式会社伊知建興業　代表取締役社長
入江　元太　株式会社入江感動経営研究所　代表取締役
牛山　啓二　「五方良し経営」による課題解決
Infinite Management Solution　代表
大橋　弘子　株式会社スタートアップウェイ　代表取締役
岡田　瑞穂　有限会社福岡運送　取締役
金井　崇晃　学校法人曽沢学園　理事長

金子　昌樹　ながの法律事務所　弁護士
鎌田　洋平　株式会社グッディーホーム　営業部　課長代理　西荻店店長
木下　理恵　株式会社日本レーザー　システム機器部　次長
黒田　育伸　株式会社トーケン　管理本部　広報課長
小武　祐一　レイズ社会保険労務士事務所　代表
小林　直人　大興電子通信株式会社　総務人事部　部長
齋藤　広行　有限会社小林住建　代表取締役
酒井　巳喜雄　関東いすゞ自動車株式会社　取締役
佐々木　研　営業統括室　室長
下村　瑛史　研冷工業株式会社　代表取締役
関　高志　ＣＨ　代表
常見　治彦　株式会社ファームノート　代表取締役
冨永　英里　大興電子通信株式会社　取締役
執行役員　本部長
みらいワーク行政書士・社会保険労務士事務所　代表
冨永英里税理士事務所　代表

中井　俊章　　　株式会社天彦産業　営業部　販売総括課　課長
長谷川　正人　　株式会社ゆたかカレッジ　代表取締役社長
平栗　健太郎　　株式会社スカイアーク　代表取締役
福ケ迫　喜美　　株式会社山口リアライズ　代表取締役社長
堀江　省吾　　　株式会社エコ建築考房　本社店長
増井　真也　　　有限会社ますいいリビングカンパニー　代表取締役社長
山﨑　耕治　　　株式会社テクノア　代表取締役

中小企業人本経営（ＥＭＢＡ）プログラム担当教員
藤井　正隆　　　人を大切にする経営学会　事務局長
水沼　啓幸　　　人を大切にする経営学会　事務局次長
坂本　洋介　　　人を大切にする経営学会　事務局次長
石川　勝　　　　人を大切にする経営学会　事務局次長

◉著者紹介

坂本 光司（さかもと こうじ）

1947年、静岡県生まれ。経営学者、「人を大切にする経営学会」会長。公共産業支援機関指導調査課長等を経て、常葉学園浜松大学（現・常葉大学）や福井県立大学、法政大学大学院で教授を務めた。主な著書に『日本でいちばん大切にしたい会社』シリーズ８巻（あさ出版）、『もっと　人を大切にする会社』（東京新聞）、『感動が人を変える　心震えるエピソード50選』（ラグーナ出版）など。

自宅：〒421-0216　静岡県焼津市相川1529

電話：054-622-1717　　メール：k-sakamoto@mail.wbs.ne.jp

人を大切にする経営学会 経営人財塾５期生

2018年度より、「人を大切にする経営学会」にて「人を大切にする経営大学院事業（経営人財塾）」を開塾。

2023年３月25日　第１刷発行

2023年９月30日　第３刷発行

いい会社には、活きた社内制度がある。
――人を大切にする56社の法定外福利厚生

©著　者　坂本光司
&人を大切にする経営学会
経営人財塾５期生

発行者　脇坂康弘

発行所　株式会社 同友館
〒113-0033　東京都文京区本郷 3-38-1
TEL. 03 (3813) 3966
FAX. 03 (3818) 2774
https://www.doyukan.co.jp/

落丁・乱丁本はお取り替えいたします。　三美印刷／東京美術紙工

ISBN 978-4-496-05643-7　Printed in Japan